DAS VOGELNEST

Eine Geschichte von Gabriela Krümmel und Sabine Choinski
mit Bildern von Anne Ebert

Es ist Frühling. Die Bäume bekommen grüne Blätter. Die ersten Löwenzahnblüten leuchten gelb am Wegesrand. Emma und Paul helfen ihrem Papa bei der Gartenarbeit. Da hüpft ein schwarzer Vogel über den Rasen. Er fliegt zur Hecke, setzt sich auf einen Zweig und singt leise. Dann fliegt er wieder zurück auf den Rasen.

„Papa“, ruft Emma. „Schau mal, der schöne Vogel!“

„Das ist ein Amselmännchen“, erklärt Papa. „Du erkennst es an seinem schwarzen Federkleid und dem gelben Schnabel. Guck mal, im Baum sitzt auch das Weibchen.“

„Das sieht ja ganz anders aus“, bemerkt Emmas großer Bruder Paul.

„Ja, es ist braun und der Schnabel leuchtet nicht so gelb“, sagt Papa.

Das Amselweibchen sammelt kleine Halme und Zweige im Schnabel. Es fliegt davon und ist nach kurzer Zeit wieder da.
„Was macht die Amsel denn damit?“, möchte Emma wissen.
„Sie baut ein Nest“, sagt Papa.
„In unserer Hecke?“, fragt Paul staunend.
„Ja, Hecken bieten einen guten Schutz vor Feinden“, weiß Papa.
Die Kinder beobachten, wie das Amselweibchen unermüdlich kleine Äste, Moos und trockenes Gras im Schnabel herbeischafft. Immer wieder fliegt es hin und her und sammelt neues Nistmaterial.

Am liebsten würden die Kinder aus der Nähe zusehen, wie das Nest gebaut wird. Aber Papa meint: „Lasst uns etwas Abstand halten. Das Amselpärchen braucht jetzt Ruhe.“ „Wollen wir sie Anton und Antonia nennen?“, fragt Paul. Emma ist einverstanden.

Gespannt beobachten sie, wie Antonia ihr Nest errichtet. Aus vielen kleinen Zweigen baut sie zuerst den Boden. Mit ihrem Schnabel rückt sie die Zweige zurecht und drückt ihren Bauch hinein, damit das Nest eine schöne runde Form bekommt. Das Ganze dichtet sie mit einer Schicht feuchter Erde ab. Schließlich ist das Vogelnest fertig und Antonia setzt sich hinein.

Emma und Paul können es kaum erwarten, bis endlich Eier im Nest liegen. Nach ein paar Tagen ist es so weit. Als Antonia auf Futtersuche ist, entdeckt Paul vier kleine Eier im Nest. Die Kinder freuen sich.

„Wann kommen die Vogelbabys denn heraus?“, möchte Emma wissen.

„Antonia muss ungefähr vierzehn Tage auf den Eiern sitzen und sie wärmen“, weiß Mama. „Das nennt man brüten.“

Jeden Nachmittag beobachten
die Kinder von nun an das Nest.
Ab und zu fliegt Antonia davon,
um sich einen Regenwurm
oder einen Käfer zu schnappen.
Anton ist immer in der Nähe
und passt gut auf das Nest auf,
wenn Antonia nicht darin sitzt.

Die Tage vergehen. Manchmal regnet es. Dann wird Antonia in ihrem Nest ganz nass. Doch sie lässt sich davon nicht stören. Die Regentropfen perlen an ihren Federn ab.

MACH MIT!

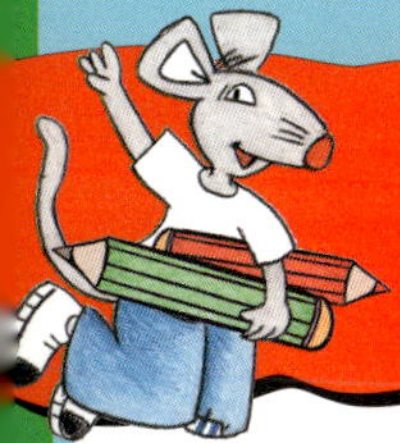

Hier fährt ein Zug mit fröhlichen Tieren vorbei.
ZEICHNE DIE SCHIENEN WEITER UND MALE DAS BILD AUS!

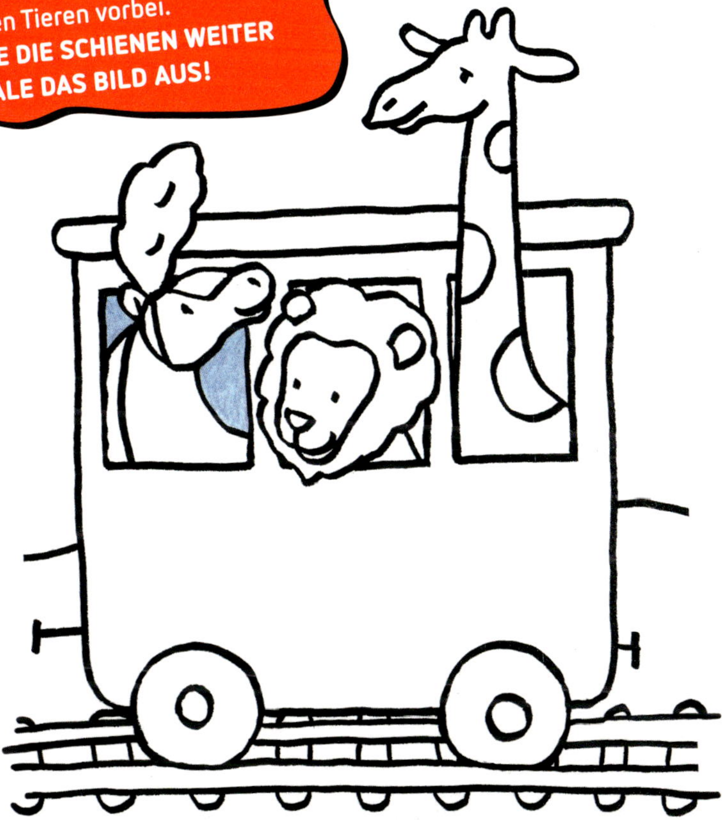

Finde den Weg zur Höhle!

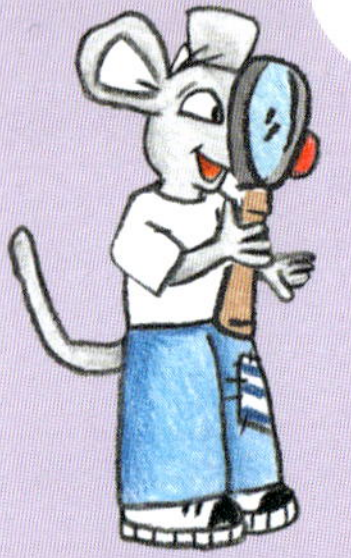

Der Bär ist müde und möchte in seine gemütliche Höhle zurück. Hilf ihm, den richtigen Weg zu finden!

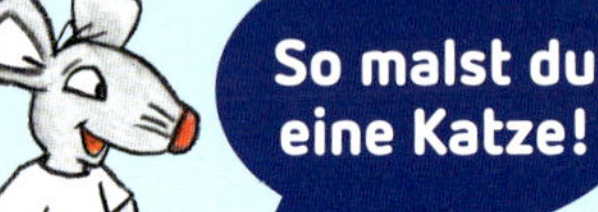

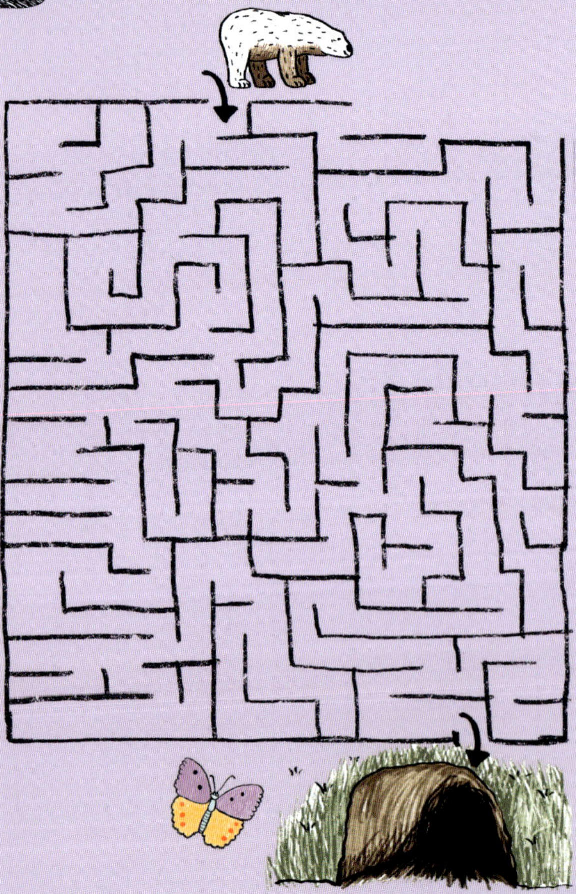

So malst du eine Katze!

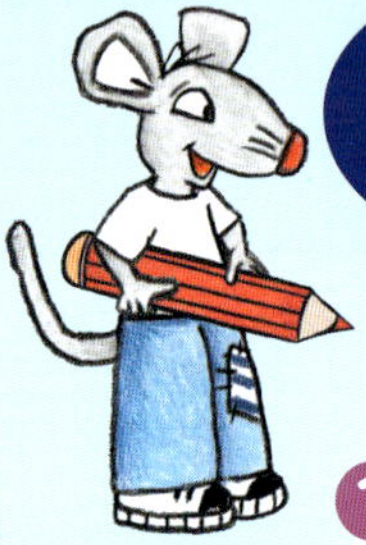

Nimm dir ein Blatt und zeichne die einzelnen Schritte ab!

1

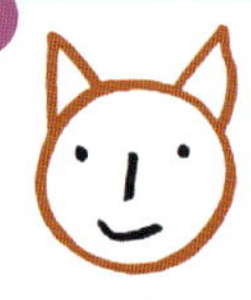

Punkt, Punkt, Komma, Strich, das hier wird kein Mondgesicht.

2

Nein, es wird ein Kätzchen. Mit Schnurrbart und mit Tätzchen.

3

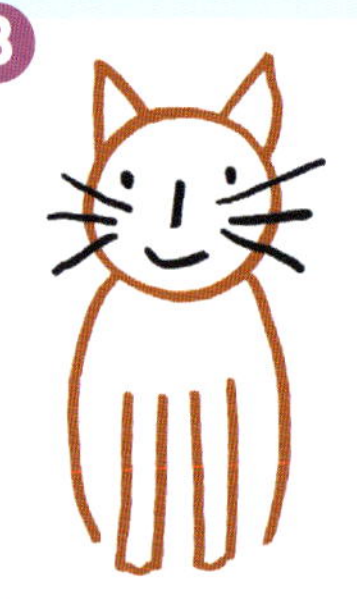

Ein Körper und zwei Beine, zwei lange, schmale, feine.

4

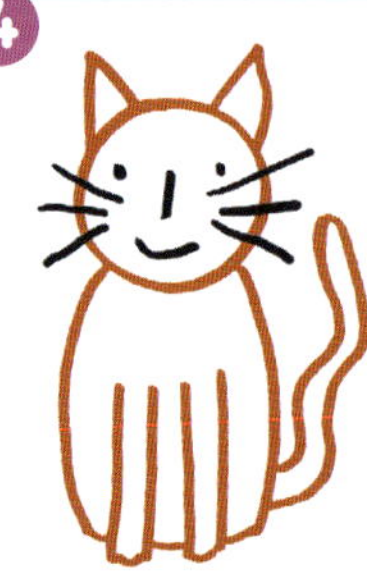

Kater Fritz sitzt munter da, wo noch gerade gar nichts war.

Wie viele Schmetterlinge findest du in dieser Ausgabe?

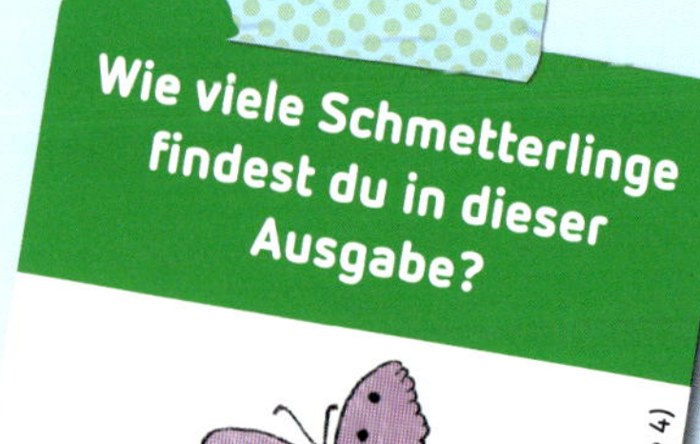

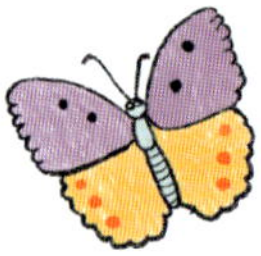

(Lösung auf Seite 4)

Määäähhh!
Male das Ziegen-Mandala bunt an!
Welche dieser Tiere findest du nicht in der heimischen Landschaft?
Löwen und Elefanten gehören nicht zu den heimischen Tieren. Sie leben in offenen Landschaften wie der Savanne, vor allem im südlichen Afrika und in Asien.
Wie sehen diese Tiere aus?
Die Tiere haben ihre Farbe verloren. Welches Tier hat eine grüne Farbe? Kreise es ein und male alle Tiere aus!

FRAGEN AN DIE KUH ROSALIE:

Liebe Rosalie,
schön, dass du kurz Zeit hast, uns etwas über dich zu erzählen!

Wie viele Mägen hast du?
Ich habe vier Mägen: Sie heißen Pansen, Netzmagen, Blättermagen und Labmagen. Daher läuft die Verdauung bei mir anders ab als bei den Menschen.

Manchmal sieht es so aus, als ob du Kaugummi kaust. Wie kommt das?
Das nennt man Wiederkauen. Auf diese Weise kann mein Körper auch Futter aus ganz harten Fasern, wie zum Beispiel Stroh, in Milch umsetzen.

Gibt es noch weitere Tiere, die Wiederkäuer sind?
Ja, neben Rindern sind auch Schafe und Ziegen Wiederkäuer. Vielleicht hast du ja schon einmal Käse aus Schafs- oder Ziegenmilch probiert.

Der Frosch ist grün.

Wie viele Schmetterlinge sind in dieser Ausgabe? 9

CARLSEN

Gestaltung: Tanja Petry, design-t.de
Illustrationen der Lesemaus: H. Müller, T. Petry, D. Tust
Illustrationen: C. Hahn, S. Legien, E. Muszynski, D. Tust

Mein Basteltipp

So kannst du ganz einfach einen RAUPEN-SCHLÜSSELANHÄNGER herstellen!

Das brauchst du:
farbiges Tonpapier DIN A3, Wolle in vielen Farben, Schere, Klebestift, Perlen, Pfeifenputzer, Glitter oder Buntstifte, Lochstanzer, Nylonfaden

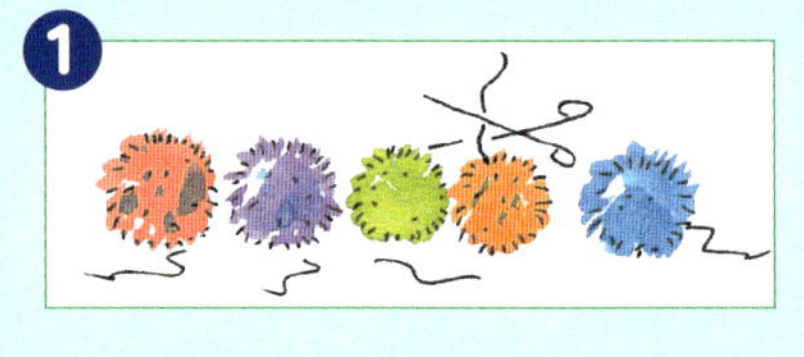

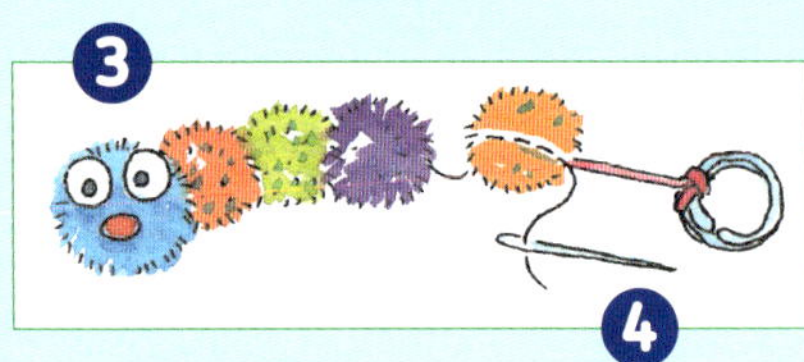

1 Für die Raupe brauchst du 5 sehr kleine, gleich große Pompons. Der Bindefaden kann von 4 Pompons abgeschnitten werden. Am Pompon des Hinterteiles bleibt er zunächst dran.

2 Aus Filz Augen, Pupillen und Nase ausschneiden und aufkleben.

3 Nun werden alle Pompons mit Nadel und Faden genau in der Mitte aufgefädelt. Darauf achten, dass das Pompon mit dem Bindefaden und das Gesicht jeweils am Anfang und Ende sind.

4 Den Bindefaden an einem Schlüsselring befestigen. Fertig!

Eines Tages laufen die Kinder aufgeregt zu Mama.
„Mama, die Vogeleier sind kaputt", ruft Paul. „Komm schnell mit!"
Tatsächlich: Unter dem Nest liegen zerbrochene Eierschalen.
Vier kleine rosige und nackte Vögelchen sind ausgeschlüpft und liegen zusammengekuschelt im Vogelnest. Ihre Augen sind fest geschlossen. Die Kinder hören sie leise piepsen. Doch da kommt Antonia angeflogen und stößt drohende Laute aus.
„Lassen wir die Vögel in Ruhe, damit Antonia ihre Küken versorgen kann", meint Mama.

Antonia hat jetzt viel zu tun: Von früh bis spät muss sie die Schnäbel ihrer Kinder mit Futter füllen. Wie gut, dass Anton mithilft, die Kleinen satt zu bekommen! Zusammen picken die Vogeleltern nach Würmern und Käfern. Immer wenn sich einer von ihnen auf den Nestrand setzt, strecken sich ihm vier gierige gelbe Vogelschnäbel entgegen. Über 150-mal am Tag werden die Küken gefüttert.

Erst am Abend, wenn es dunkel wird, kommen die Vogeleltern zur Ruhe. Anton fliegt auf einen Baum in der Nähe des Nestes und beginnt wunderschön zu singen. Antonia setzt sich vorsichtig auf ihre Jungen und wärmt sie die ganze Nacht über unter ihren Flügeln.

Bald werden die jungen Amseln größer. Ihre Augen sind noch von einer dünnen Haut überzogen. An ihrem Körper bildet sich ein erster weicher Flaum. Die kleinen Schnäbel stehen ständig offen – die Kleinen fressen und fressen!

Nach einer Woche entdeckt Emma ein Amselkind, das neugierig über den Nestrand schaut.
„Guck mal, Paul, es hat jetzt die Augen offen!"
Es wird immer enger im Nest. Wenn Mutter oder Vater Amsel sich auf den Nestrand setzen, gibt es ein großes Gepiepse. Die kleinen Schnäbel werden weit aufgesperrt. Jeder will den leckeren Wurm für sich haben.
Bald haben die Jungen kaum noch Platz in ihrem Nest. Sie rudern mit ihren kleinen Flügeln und müssen aufpassen, dass sie nicht herausfallen.

Eines Tages ist es so weit: Ein Vögelchen hat sich auf den Nestrand gewagt und flattert mit den Flügeln. Paul ruft aufgeregt: „Gleich fliegt es los!“ Gespannt schauen die Kinder zu. Der kleine Vogel breitet seine Flügel aus und flattert aus dem Nest.

Auch die anderen Vogelkinder trauen sich jetzt. Bald verlassen alle vier das Nest und verstecken sich schnell im Gebüsch.

„In den ersten Tagen können die Amselkinder noch nicht fliegen, nur flattern und hüpfen“, erklärt Papa. „Ihre Flügel- und Schwanzfedern müssen noch ein bisschen wachsen.“

Auch wenn die Amselkinder nun nicht mehr im Nest sitzen, werden sie noch eine Weile von Anton und Antonia versorgt. Mit lautem Piepsen machen die Vogeljungen auf sich aufmerksam, damit ihre Eltern ihnen neues Futter bringen. Das hört auch die Nachbarskatze. Auf leisen Pfoten schleicht sie sich an die Hecke heran.

Anton stößt einen Warnruf aus und flattert vor der Katze hin und her. Die wird dadurch abgelenkt und springt dem schwarzen Vogel hinterher. Anton fliegt schnell davon. Das ist gerade noch mal gut gegangen!

Einige Tage später beobachten Emma und Paul, wie Antonia mit ihrem Schnabel etwas aus der Erde zieht. Es ist ein Regenwurm. Eine kleine Amsel macht es ihr nach: Geschafft! Das Vogelkind zieht ebenfalls einen dicken Wurm aus der Erde.
„Nun suchen sie sich ihr Futter selbst“, stellt Paul fest.
„Schade, dann können wir sie bald nicht mehr beobachten“, sagt Emma.
„Seid nicht traurig“, tröstet Papa sie. „Bald gibt es wieder neue Amselbabys in unserem Garten.“

GW01605589

Domaine de Fongisclar, Draille de Magne
13570 Barbentane

ISBN 2-84135-442-3
ISSN 1276-4416

Textes de Caroline Thomas-Vallon
Illustrations de Sophie Marquis

Ma Cuisine des Fleurs

ÉQUINOXE

sommaire

Coquelicots, Lavandes, Roses, Violettes, Capucines, Sureau.

Connues depuis toujours pour leur beauté et leur agréable parfum, toutes ces fleurs sont non seulement comestibles mais également délicieuses et possèdent de nombreuses propriétés soignantes. A savoir :

Le coquelicot :

Il doit son nom à la couleur de sa fleur qui évoque la crête d'un coq. Le coquelicot, longtemps très commun dans les champs de céréales, était considéré comme une fleur émolliente et sédative. En effet, la médecine populaire l'utilisait en infusion, afin de calmer la toux, l'enrouement et prévenir contre les affections bronchiques. Il peut être pris sous forme d'infusion (faites infuser 20 g de pétales séchés dans un litre d'eau bouillante pendant 15 minutes et filtrez ; ou, plus facile, en utilisant les sachets-doses prêts à l'emploi de certaines spécialités pharmaceutiques).

Infusion : boire une tasse matin, midi, et soir, entre les repas, dont une avant le coucher.

La lavande :

Plante des terrains ensoleillés du bassin méditerranéen, la lavande peut être efficace en infusion comme en fumigation, contre les affections de l'appareil respiratoire.

C'est aussi un antiseptique et un antispasmodique qui peut aider à combattre la toux et l'asthme.

Préparation de l'infusion : Comme précédemment, dans une tasse d'eau bouillante, jetez une cuillère à dessert de fleurs de lavande, laissez infuser, filtrez. Renouveler cette opération 4 fois par jour.

Préparation de la fumigation : Placez une poignée de fleur dans un litre d'eau bouillante, respirez. Cependant, la lavande peut également être utilisée pour soigner l'eczéma sec en mélangeant une poignée de lavande dans 1/2 litre d'huile d'olive ordinaire que vous placerez deux heures au bain-marie. Après macération, il ne vous restera plus qu'à filtrer et à en badigeonner votre eczéma.

La rose :

Belle et si agréablement parfumée, elle est aussi un parfait revitalisant pour les peaux huileuses ou squameuses. Il vous suffit pour ce faire de 28 g de cymbopogon, 28 g de farine de maïs, 28 g d'hamamélis, 28 g de pétales de rose et de mélanger ensemble tous ces ingrédients ; ajoutez-en alors 28 g à 1 litre d'eau bouillante. Sur feu éteint il ne vous restera plus qu'à laisser mijoter 20 minutes.

La violette :

Annonciatrice du printemps et élément précieux pour la santé, la violette était considérée par les Anciens comme une fleur sacrée et vantée par Hippocrate. Fraîche, elle regorge de vitamines A et C. Plante vivace des prés et des haies dont on utilise les fleurs, les feuilles et les racines, la violette peut être utilisée pour ses propriétés antiseptiques. Les feuilles sont pratiques pour soulager et guérir les blessures. Le liquide extrait de la fleur et des racines a des propriétés expectorantes et émollientes. Elle est aussi recommandée pour les ulcères gastro-duodénaux en raison de ses vertus cicatrisantes.

PS : Une consommation importante de feuilles de violettes peut causer des vomissements dus à l'effet irritant des saponines, que contient la plante, sur le système digestif. En infusion une cuillerée à café pour une tasse d'eau bouillante avant de laisser infuser 10 minutes.

La capucine :

Au goût un peu poivré, corsé, proche du cresson et très riche en vitamine C (10 fois plus que la laitue), la capucine est une plante cultivée que l'on utilise entière sans les racines. Elle est très efficace pour les maladies respiratoires comme les bronchites. En infusion une pincée suffit par tasse d'eau bouillante avant de laisser infuser 10 minutes.

Trois tasses par jour sont idéales.

En usage externe, si vous faites bouillir une poignée de feuilles, fleurs et graines dans un litre d'eau durant une quinzaine de minutes, vous obtiendrez une préparation qui vous donnera une lotion pour le cuir chevelu contre la chute des cheveux.

Le sureau :

Arbuste commun des haies, de 2 à 6 mètres, on en utilise les fleurs. Le sureau, donné comme diurétique en cas de lithiase urinaire, cystite, goutte, est également utile pour les rhumatismes.

Pressez les fruits pour en extraire le suc dont vous prendrez 20 à 30 g dans la matinée.

Vous pouvez également, comme précédemment, préparer une infusion en mélangeant une poignée de fleurs par litre d'eau bouillante avant de laisser infuser 10 minutes. Rien ne vous empêche d'en boire à volonté.

Attention : Il ne faut consommer que la fleur car le feuillage, la tige, la queue, la racine fraîche et les fruits verts sont toxiques.

Les confits et les eaux de fleurs

Les confits et les eaux de fleurs, seront la base d'une très grande partie des recettes suivantes.
Ils se conservent parfaitement, pendant des mois.
Les confits : dans une boîte plastique au réfrigérateur.
Les eaux de fleurs : dans une bouteille fermée, également au réfrigérateur.
Je vous conseille donc, d'en préparer quelques boîtes et bouteilles d'avance.

Les confits

Ingrédients pour 1 kilogramme :

500 Grammes de pétales
1/2 Litre d'eau
1 Kilogramme de sucre en poudre
3 Jus de citrons

Préparation :

1 Dans les deux heures qui suivent la cueillette les fleurs, détachez les pétales puis rincez-les rapidement sous l'eau froide.
2 Une fois cette opération effectuée, jetez les pétales dans une marmite à confiture, recouvrez-les de la totalité du sucre et mélangez.
3 Versez le 1/2 litre d'eau préparé à cet effet et le jus des 3 citrons.
4 Recouvrez d'un linge propre et laissez macérer jusqu'au lendemain.
5 Procédez alors à une première cuisson d'une dizaine de minutes en remuant sans arrêt.
6 Deux cuissons seront encore nécessaires toutes les douze heures.

Les eaux de fleurs

Ingrédients:

500 Grammes de pétales de fleurs
1 Litre d'eau

Préparation :

1 Dans une bassine ou une casserole, faites bouillir 1 litre d'eau de source ou à défaut, d'eau distillée (afin d'éviter tout dépôt de calcaire).

2 Sur feu éteint, jetez les 500 grammes de pétales que vous aurez, au préalable passé rapidement sous l'eau froide.

3 Couvrez d'un linge propre afin de laisser infuser votre préparation au moins cinq jours.

4 Filtrez votre eau de fleurs au travers d'un chinois ou d'une très fine écumoire avant de mettre en bouteille.

Les arômes concentrés dont je vous parle quelquefois au cours de cet ouvrage, sont commercialisées dans certaines épiceries fines ou spécialisées.

Important :

Les différentes préparations proposées dans cet ouvrage doivent impérativement être préparées avec des fleurs non traitées.

la Lavande

Salade de champignons de Paris à la vinaigrette de lavande

Ingrédients pour 4 personnes

600 Grammes de champignons de Paris frais
3 Cuillères à café de fleurs de lavande
2 Cuillères à café de vinaigre de xérès
20 Centilitres d'huile d'olive
1 Citron
Sel, poivre

1 Epluchez les champignons.

2 Faites bouillir une casserole d'eau dans laquelle vous aurez pris soin d'ajouter le jus du citron, 1 cuillère à café de fleurs de lavande et quelques pincées de sel.

3 Jetez les champignons dans l'eau bouillante puis laissez-les cuire quelques minutes.

4 Une fois refroidis et égouttés, coupez les champignons en lamelles et placez-les dans un saladier de service.

5 Recouvrez-les ensuite de la vinaigrette préparée de la façon suivante : verser l'huile d'olive dans un bol, salez, poivrez, ajouter le vinaigre et le reste des fleurs de lavande.

6 Mélanger le tout et, si vous ne pouvez servir immédiatement, conservez au réfrigérateur.

Œufs brouillés à la lavande

1 Fouettez délicatement les œufs en y incorporant les fleurs de lavande, le sel et le poivre puis ajoutez le beurre coupé en petits morceaux et la crème fraîche.
2 Durant une dizaine de minutes, faites cuire cette préparation au bain-marie sur une casserole, en remuant régulièrement à l'aide d'une cuillère en bois.
3 Servez aussitôt accompagné d'une salade verte.

Ingrédients pour 2 personnes

1 Cuillère à café de fleurs de lavande
4 Œufs frais
40 Grammes de beurre
1 Cuillère à soupe de crème fraîche liquide
Sel, poivre

Pâté de campagne à la lavande

Ingrédients pour 6 personnes

500 Grammes d'échine de porc
150 Grammes d'épaule de veau
100 Grammes de panne
100 Grammes de lard gras
2 Gros oignons
1 Echalote
3 Cuillères à café de fleurs de lavande
10 Centilitres de whisky
1 Barde de lard
Sel, poivre

***

1 Hachez, si possible à l'aide d'un hachoir électrique, l'échine, l'épaule, la panne, le lard, les oignons et l'échalote.

2 Ajoutez-y quelques pincées de sel, le poivre (à votre convenance), la lavande et le whisky.

3 Mélangez fermement le tout.

4 Placez cette farce dans une cocotte en fonte et laissez cuire à feu doux deux heures minimum.

5 Une fois la cuisson terminée, versez le pâté dans un plat en grès puis laissez-le refroidir avant de le placer au réfrigérateur quelques heures.

Tarte salée aux tomates fraîches, fromage de chèvre et fleurs de lavande

Ingrédients pour 1 tarte de 30 cm de diamètre

1 Pâte à tarte brisée
5 ou 6 Tomates selon leur grosseur
1 Poignée d'emmental râpé
Quelques pincées de fleurs de lavande
Une dizaine de tranches fines de fromage de chèvre
1 Poignée d'olives noires

1 Etalez votre pâte à tarte dans un moule prévu à cet effet. Après l'avoir piquez largement, passez-la au four à 200° une dizaine de minutes. Elle doit être colorée avant de mettre en place sa garniture.

2 Etalez les tomates préalablement coupées en tranches fines (elles doivent recouvrir la totalité de la pâte), puis saupoudrez de l'emmental râpé et de la moitié des fleurs de lavandes.

3 Enfournez à nouveau une dizaine de minutes.

4 Une fois cette seconde cuisson terminée, répartissez le fromage de chèvre, saupoudrez à nouveau de fromage râpé, disposez les olives et parsemez du reste des fleurs de lavande.

5 Une dernière cuisson, d'encore une dizaine de minutes, terminera cette tarte qui pourra être dégusté chaude ou froide.

tomates.

Gigot d'agneau froid en gelée de lavande

Ingrédients pour 6 personnes

1 Gigot d'agneau
1 Poignée de fleurs de lavande
1 Sachet de gelée
1/2 Verre de vinaigre de framboise
Sel, poivre

1 Afin de vous simplifier la tâche, faites rouler et désosser le gigot d'agneau par votre boucher puis laissez-le rôtir simplement.

2 Pendant ce temps, préparez la gelée en sachet (comme indiqué sur la notice de préparation), ajoutez-y le vinaigre, le sel, le poivre et la lavande.

3 Une fois la cuisson du gigot terminée, laissez-le refroidir puis découpez-le en tranches que vous placerez dans un plat légèrement concave.

4 Versez la gelée sur la viande, éparpillez quelques fleurs de lavande et, placez au réfrigérateur 5 à 6 heures.

Chausson de côtelette d'agneau aux fleurs de lavande

1 Préchauffez votre four à 200°.

2 Retirez grossièrement la croûte du camembert puis découpez-le en 4.

3 Dans un plat à four, de préférence en terre, faites cuire les côtelettes environ 5 minutes.

4 Dans un même temps, avec les 2 pâtes à tarte, préparez 4 rectangles égaux puis disposez sur chacun d'eux les morceaux de fromage, les fleurs de lavande, le sel et le poivre et, pour finir, les côtelettes.

5 Pliez et fermez les pâtes afin qu'elles aient la forme de chaussons, badigeonnez du jaune d'œuf battu et disposez-les sur une plaque recouverte de papier sulfurisé.

6 Enfournez à nouveau une dizaine de minutes.

7 Dégustez très chaud.

Ingrédients pour 4 personnes

4 Côtelettes d'agneau
150 grammes de camembert
1 Poignée de fleurs de lavande
2 Pâtes à tarte feuilletées
1 Œuf
Sel, poivre

Grives aux fleurs de lavande et cognac

Ingrédients pour 4 personnes

4 Grives
1 Cuillère à soupe de fleurs de lavandes
4 Bardes de lard
1 Cuillère à soupe de cognac
100 Grammes de beurre
Sel, poivre

1 Plumez et videz les grives avant de les flamber rapidement afin de retirer le dernier duvet.

2 Malaxez ensemble 50 grammes de beurre et la moitié des fleurs de lavandes prévues pour cette recette afin de garnir l'intérieur des grives.

3 Scellez les oiseaux à l'aide des bardes de lard.

4 Dans une cocotte, avec les restes du beurre et de la lavande, laissez cuire les grives à feu moyen une vingtaine de minutes.

5 Arrosez régulièrement du jus, et, si cela est nécessaire, n'hésitez pas à ajouter un peu d'eau.

6 Au moment de servir, arrosez de Cognac, flambez, dégustez.

Pigeons au miel et aux fleurs de lavande

Ingrédients pour 2 personnes

2 Pigeonneaux
2 Cuillères à soupe de miel de lavande
2 Cuillères à café de fleurs de lavande
Sel, poivre

* * *

1 Préchauffez votre four à 220°.

2 Dans un plat à four en terre, disposez les pigeonneaux (prêts à cuire). Salez et poivrez, puis faites-les saisir une dizaine de minutes.

3 Enduisez-les ensuite du miel de lavande et d'un peu d'eau puis replacez-les au four que vous pouvez maintenant réduire à 160°.

4 Récupérez régulièrement le miel dans le fond du plat afin d'arroser généreusement les pigeons.

5 Après une nouvelle dizaine de minutes, saupoudrez les pigeons des fleurs de lavande.

6 Une dernière cuisson de 10 minutes devrait suffire à ce qu'ils soient à point (chair légèrement rosée à l'intérieur).

7 Dégustez chaud.

Cuisses de grenouilles sautées à la lavande sur lit de pommes de terre nouvelles

Ingrédients pour 4 personnes

1 Kilogramme de cuisses de grenouilles
2 Cuillères à soupe de fleurs de lavande
6 Pommes de terre nouvelles
1 Gousse d'ail
8 Cuillères à soupe d'huile d'olive
1 jaune d'œuf
Sel, poivre

* * *

1 Faites cuire les pommes de terre à l'eau dans leur peau.
2 Ecrasez l'ail, préalablement épluché, puis, dans un bol, mélangez-le au jaune d'œuf.
3 Versez ensuite 3 cuillères à soupe d'huile d'olive dans cette préparation, en tournant régulièrement pour faire monter la mayonnaise puis ajouter le sel et le poivre.
4 Lorsque la consistance de votre mayonnaise est parfaite, incorporez la moitié des fleurs de lavande.
5 Une fois les pommes de terre cuites, pelez-les et coupez-les en rondelles.
6 Dans un même temps, farinez les grenouilles avant de les faire dorer dans une poêle avec le reste de l'huile d'olive.
7 Au cours de la cuisson des cuisses, qui va durer une quinzaine de minutes, ajoutez le reste de la lavande. Mélangez délicatement et régulièrement afin que toutes les cuisses soient bien cuites.
8 Dans des assiettes individuelles ou un grand plat de service, étalez les pommes de terre puis déposer dessus les cuisses de grenouilles.
9 Il ne vous reste plus qu'à servir avec votre mayonnaise à la lavande, dans une saucière par exemple.

Gâteau à la lavande

1 Dans un bol mixer, versez la farine et le lait puis mélangez jusqu'à obtention d'une pâte homogène.
2 Introduisez ensuite le sucre, l'arôme de lavande, les jaunes d'œufs et la levure.
3 Mixez à nouveau.
4 Pendant ce temps, montez les blancs des œufs en neige avec la pincée de sel.
5 Dans un saladier, insérez délicatement les blancs d'œufs à votre préparation avant de la verser dans un moule, préalablement tapissé de papier sulfurisé.
6 Saupoudrez des fleurs de lavande et enfournez à 180° durant 20 minutes environ.
Votre gâteau est cuit lorsqu'un couteau piqué à l'intérieur ressort propre.

N'hésitez pas à le couvrir d'une feuille de papier d'aluminium s'il se colore trop vite pendant la cuisson.

Ingrédients pour 4 personnes

200 Grammes de farine
2 Poignées de fleurs de lavande
2 Gouttes d'arôme concentré de lavande alimentaire
150 Grammes de sucre en poudre
1 Sachet de levure chimique
5 Œufs
1 Pincée de sel
1 Verre de lait

* * *

Soupe tiède de pêches à la lavande

Ingrédients pour 4 personnes

8 Pêches bien mûres
100 Grammes de sucre en poudre
2 Poignées de fleurs de lavande

* * *

1 Epluchez puis coupez les pêches avant de les recouvrir du sucre en poudre.

2 Laissez macérer 1 heure afin qu'elles dégorgent de jus et faites-les cuire à feu doux 1/2 heure en les remuant régulièrement.

3 Quelques minutes avant la fin de la cuisson, jetez les fleurs de lavande.

4 Mélangez.

5 Laissez tiédir avant de servir dans des coupes à dessert individuelles.

Compote de pommes aux fleurs de lavande

1 Epluchez les pommes puis coupez-les en 4 afin de retirer les pépins et le centre.

2 Placez-les dans une marmite puis recouvrez-les du sucre en poudre, du verre d'eau et des fleurs de lavande.

3 Laissez cuire sur feu doux en remuant régulièrement jusqu'à ce que les pommes soient assez tendres pour les écraser à la fourchette.

4 Dégustez tiède ou froid.

Ingrédients pour 4 personnes

1 Kilogramme de pommes
150 Grammes de sucre en poudre
2 Poignées de fleurs de lavande
1 Verre d'eau

Sorbet à la lavande

1 Broyez finement le confit de fleurs de lavande avant d'y incorporer le sucre et le jus du citron.

2 Versez immédiatement cette première préparation dans le bac à glace de votre réfrigérateur.

3 Placez une terrine vide à glacer au congélateur pendant 1 heure.

4 Montez les blancs d'œufs en neige.

5 Mélangez au fouet manuel votre première préparation, qui commence à durcir et ajoutez-y les blancs d'œufs et la liqueur.

6 Transférez cette composition dans la terrine maintenant très froide.

7 Replacez au congélateur 1 heure minimum.

Ingrédients pour 4 personnes

1 Verre de confit de fleurs de lavande
3 Cuillères à soupe de sucre glace
1 Citron
2 Blancs d'œufs
1 Petit verre de liqueur de lavande
1 Cuillère à café de fleurs de lavande fraîches

Rochers aux fleurs de lavande et noix de coco

Ingrédients pour 30 rochers

3 Poignées de fleurs de lavande
400 Grammes de poudre de noix de coco
100 Grammes de beurre
5 Œufs
250 Grammes de sucre en poudre

* * *

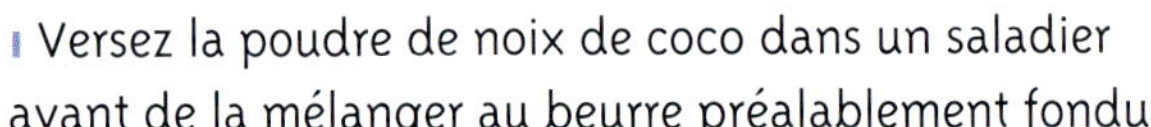

1 Versez la poudre de noix de coco dans un saladier avant de la mélanger au beurre préalablement fondu.

2 Ajoutez le sucre, les œufs et les fleurs de lavande puis remuez énergiquement jusqu'à obtention d'une pâte malléable.

3 Sur une plaque à four recouverte de papier sulfurisé, façonnez à l'aide d'une cuillère des petites pyramides.

4 Enfournez à four chaud (180°).

5 Laissez cuire 10 à 20 minutes selon la grosseur de vos rochers.

6 Dès qu'ils commencent à dorer, comptez environ 5 minutes pour qu'ils soient parfaits.

pomme

Gelée à la lavande

1 Epluchez, pelez puis coupez les pommes en quatre.
2 Conservez le centre et les pépins dans un bas ou une étamine. Cette partie très gélatineuse aide à la prise de la gelée.
3 Placez ensuite les pommes et l'étamine dans une bassine à confiture, recouvrez le tout d'eau et laissez cuire jusqu'à ce que les pommes soient très souples (15 à 20 minutes à partir de l'ébullition).
4 Avec une écumoire, retirez les pommes (que vous pourrez utiliser ultérieurement pour confectionner une compote en rajoutant simplement du sucre).
5 Ajoutez le sucre au jus recueilli.
6 Mélangez.
7 Laissez cuire à feu doux jusqu'à parfaite dissolution du sucre.
8 A partir de là, une nouvelle cuisson d'environ 1 heure est encore nécessaire.
9 En milieu de cuisson, jetez en pluie la lavande.
10 Mélangez régulièrement.
La gelée est cuite lorsqu'elle nappe une cuillère.
11 Si votre gelée vous semble trop liquide, incorporez alors le sachet de pectine.
12 Ecumez soigneusement en prenant garde de ne pas retirer toutes les fleurs de lavande et procédez à votre mise en pot habituelle.

Ingrédients pour 3 kg

2 Kilogrammes de pommes
4 Poignées de fleurs de lavande
1,5 Kilogramme de sucre cristallisé
1 Sachet de pectine en poudre si nécessaire

Caramels au miel de lavande

Ingrédients pour les très gourmands

1 Litre de lait (de préférence du bon lait afin qu'il ne risque pas de tourner)
150 Grammes de sucre en poudre
2 Gouttes d'arôme concentré de lavande ou 1/2 verre de sirop de lavande (voir recette page 135)
1 Poignée de fleurs de lavande

* * *

1 Versez le lait et le sucre dans une grande casserole.
2 Laissez frémir, à la limite de l'ébullition pendant environ 1 heure.
3 Lorsque le lait commence à blondir et à sentir bon le caramel, ajoutez l'arôme de lavande ou le sirop et commencez à tourner régulièrement afin d'éviter qu'il n'attache.
4 Incorporez ensuite les fleurs de lavande.
5 Alors que votre caramel commence à prendre une couleur de plus en plus foncée, surveillez très attentivement afin qu'il ne soit ni trop dur, ni trop mou.
6 Testez sa consistance en faisant tomber une goutte dans de l'eau froide. Goûtez, vous saurez immédiatement si votre caramel est à point.
7 Une fois la cuisson terminée, étalez-le sur une feuille de papier sulfurisé et profitez de sa tiédeur pour le découper comme il vous plaît.

Sucre de lavande

Ingrédients pour 500 g de sucre

1 Poignée de fleurs de lavande
500 Grammes de sucre en poudre

1 Dans un saladier, mélangez délicatement le sucre en poudre et les fleurs de lavande.
2 Placez cette préparation dans un bocal à fermeture hermétique et attendez quelques jours pour consommer votre sucre.
Il aromatisera merveilleusement des crèmes, des gâteaux...

la Rose

Asperges blanches aux truffes et pétales de roses

Ingrédients pour 4 personnes

20 Grosses asperges blanches
2 Oeufs durs
1 Truffe noire
2 Cuillères à soupe d'huile d'olive
2 Cuillères à café de pétales de roses confits
2 Cuillères à soupe d'eau de rose
Sel, poivre

* * *

1 Une fois nettoyées puis cuites à la vapeur, placez les asperges dans un plat de service.

2 Dans un même temps, découpez en fines lamelles la truffe, préalablement brossée et essuyée légèrement à l'aide d'un torchon propre. (Rien n'est plus désagréable que les petits grains de terre sur la langue.)

3 Déposez sur les asperges ces délicieux copeaux.

4 Avec un fouet de cuisine ou, à défaut une fourchette, préparez votre vinaigrette dans une jatte en mélangeant l'huile d'olive, l'eau de rose, les pétales confits, le sel et le poivre.

5 Nappez-en les asperges et, si vous le désirez, décorez le centre de votre préparation d'une rose fraîche.

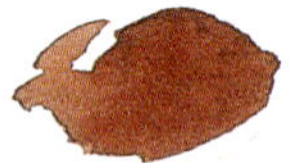

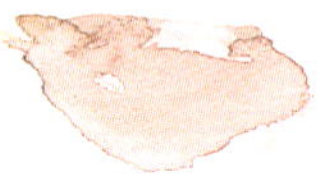

Tomes de chèvre fraîches à l'huile d'olive et pétales de roses confits

1 Rincez les salades avant de les déposer sur deux assiettes de présentation.

2 Décorez les bords à l'aide de la tomate préalablement coupée en lamelle.

3 Coupez les tomes de chèvre horizontalement, placez-les sur des tranches de pain de mie puis, sous le gril du four et faites-les chauffer quelques minutes.

4 Une fois cette opération terminée, déposez les toasts sur la salade.

5 Eparpillez les pétales de roses confits (en insistant sur les fromages mais sans oublier d'en disperser sur la salade).

6 Préparez une vinaigrette en mélangeant tout simplement, l'huile, le vinaigre, le sel et le poivre.

7 Versez la vinaigrette au moment de servir.

Ingrédients pour 2 personnes

2 tomes de chèvre fraîches
6 Poignées de salades mélangées (au choix)
4 Cuillères à café de pétales de roses confits
1 cuillère à café de vinaigre balsamique
3 cuillères à soupe d'huile d'olive
2 Tomates
Sel, poivre

N'attendez pas pour goûter, les tomes chaudes sont un délice.

Salade de mâche tiède aux fruits de mer et pétales de roses confits

Ingrédients pour 4 personnes

400 grammes de salade mâche
3 Cuillères à café de pétales de roses confits
16 Grosses crevettes roses décortiquées
8 Supions
16 Moules
1 Oignon
1 Verre de vin blanc sec
4 Cuillères à soupe d'huile d'olive
2 Cuillères à café de vinaigre de vin
4 Jolies roses fraîchement cueillies pour la décoration
Sel, poivre

***

1 Ouvrez ou faites ouvrir les moules.

2 Nettoyez les supions puis découpez-les en rondelles et décortiquez les crevettes.

3 Dans une sauteuse, faites chauffez l'huile dans laquelle vous jetterez l'oignon précédemment émincé et les supions.

4 Laissez cuire jusqu'à ce que les supions deviennent presque blancs.

5 Ajoutez ensuite les crevettes et les moules pour une cuisson supplémentaire de 3 minutes environ..

6 Versez un verre de vin blanc et laissez réduire quelques minutes.

7 Pendant ce temps, préparez la vinaigrette à l'aide d'un fouet manuel en mélangeant l'huile d'olive, les 3 cuillères de pétales de roses confits, le sel, le poivre et le vinaigre.

8 Répartissez la salade, préalablement lavée, dans des assiettes de présentation individuelles puis disposez équitablement les crevettes, les moules et les supions.

9 Recouvrez chacunes des préparations de vinaigrette puis embellissez vos assiettes d'une rose au centre de chacunes d'elles.

Poulet mariné au miel de lavande et arômes de rose

Ingrédients pour 4 personnes

4 Blancs de poulet fermier de préférence
3 Cuillères à soupe de miel de lavande
4 Cuillères à soupe d'eau de rose
10 Centilitres d'eau
1 Cuillère à soupe de vinaigre de xérès
Sel, poivre

* * *

1 Dans une poêle, faites revenir les blancs de poulet de chaque côtés jusqu'à ce qu'ils commencent à dorer puis enfournez-les une dizaine de minutes, dans un plat à four, à 180°.

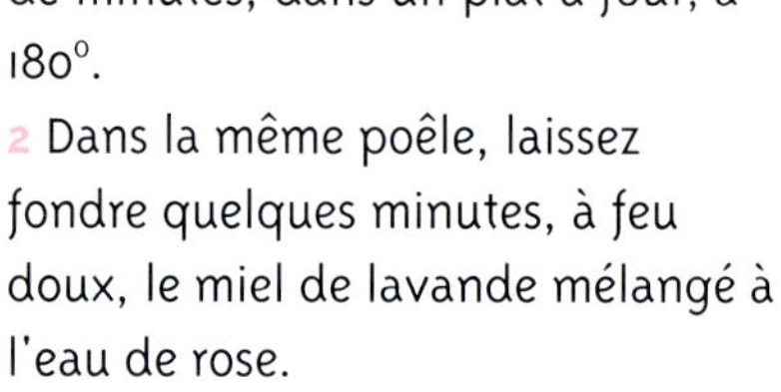

2 Dans la même poêle, laissez fondre quelques minutes, à feu doux, le miel de lavande mélangé à l'eau de rose.

3 Salez, poivrez, puis versez ce mélange sur les poulets.

4 Diminuer la température de votre four à 120° afin de laisser mijoter 5 à 10 minutes selon la grosseur de vos blancs.

Cette préparation s'accompagne parfaitement de pâtes fraîches.

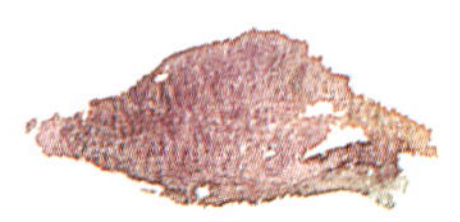

Magret de canard aux pétales de roses confits

1 Dans une poêle, faites rôtir plusieurs minutes, à feu vif, le magret sur sa peau. 2 minutes suffiront pour le côté sans peau.

2 Débarrassez-le ensuite de la graisse fondue et réservez-le dans une assiette hors du feu.

3 Dans la même poêle, versez le vinaigre de framboise, les pétales confits et l'eau de rose, puis mélangez constamment à l'aide d'une cuillère en bois, 3 à 4 minutes.

4 Replacez le côté sans peau de votre magret sur la sauce et laissez cuire encore 2 à 3 minutes sur feu doux, afin qu'il soit bien chaud.

5 Découpez le magret en fines tranches avant de les disposer joliment et de les recouvrir de la sauce.

Ingrédients pour 2 personnes

1 Magret de canard d'au moins 600 grammes
2 Cuillères à soupe de vinaigre de framboise
1 Cuillère à soupe de pétales de roses confits
1 Cuillère à soupe d'eau de rose

Daurade sur lit de roses

1 Dans un cul de poule, mélangez les pétales de rose confits, les échalotes hachées préalablement, la coriandre et l'huile d'olive.

2 Tapissez le fond d'un plat en terre à four de la préparation précédente.

3 Nettoyez puis incisez la daurade à plusieurs endroits avant de la placer à son tour dans le plat à four, salez, poivrez puis déposez le plat au réfrigérateur durant une heure.

4 Une fois cette heure écoulée, enfournez le poisson, couvert d'une feuille d'aluminium, à 180°, 30 à 40 minutes (selon la grosseur de la daurade).

5 Servez dans le plat de cuisson.

Un trait de citron peut être ajouter à sa guise par chacun des convives.

Ingrédients pour 4 personnes

1 Belle daurade rose
150 Grammes de pétales de roses confits
3 Echalotes
2 Cuillères à café de coriandre en poudre
1/2 Verre d'huile d'olive
Sel, poivre

Gâteau aux pétales de roses confits

Ingrédients pour 6 personnes

200 Grammes de farine
2 Cuillères à soupe de confit de pétales de rose
2 Cuillères à soupe d'eau de rose
1/2 Verre de lait
150 Grammes de sucre en poudre
1 Sachet de levure chimique
5 Oeufs
1 Pincée de sel

1 Versez dans un bol mixer la farine et le lait afin d'obtenir une pâte parfaitement homogène.
2 Ajoutez ensuite le sucre, l'eau de rose, le lait, la levure et les jaunes d'œufs.
3 Mixez à nouveau.
4 Montez les blancs en neige avec le sel puis incorporez-les à votre pâte.
5 Dans un moule tapissé de papier sulfurisé, répandez votre pâte et parsemez-la de votre confit de pétales de roses.
6 Laissez cuire 20 minutes au four réglé sur 180°.

Chantilly au parfum de rose

1 A l'aide d'un fouet électrique, de préférence, commencez à monter la crème fraîche très froide.
2 Après 1 minute, ajoutez le sucre, l'eau de rose et le colorant puis fouettez encore 2 à 3 minutes.
3 Votre chantilly est prête lorsqu'elle présente un aspect solide.

Le colorant n'est certes pas indispensable mais donne une très jolie couleur à votre préparation.

Ingrédients pour **1** petit saladier

20 Centilitres de crème fraîche liquide (de préférence crème fleurette, ou à défaut, crème UHT)
20 Grammes de sucre glace
3 Cuillères à soupe d'eau de rose
1 Goutte de colorant rouge alimentaire

Crêpes aux poires et pétales de roses confits

1 Mélangez la farine, l'œuf, le sucre, le sel et le lait de préférence avec un mixer électrique.
2 Coupez les poires en dés puis incorporez-les à votre pâte parfaitement homogène.
3 Faites chauffer une poêle à crêpes avec l'une de vos noisettes de beurre avant d'y verser le quart de votre préparation.
4 Pendant la cuisson, déposez au centre de la crêpe 1 cuillère à soupe de pétales de roses confits.
5 Une fois cuite, retournez-la délicatement à l'aide d'une spatule plate afin de cuire la seconde face. Cette seconde cuisson doit être rapide pour ne pas faire brûler le confit de roses.
6 Renouvelez l'opération pour les 3 autres crêpes, en prenant soin de les conserver au chaud.

Ces crêpes étant beaucoup plus épaisses que les crêpes classiques, une seule par personne suffira pour combler l'appétit de chacun des convives.

Ingrédients pour 4 personnes

4 Cuillères à soupe de pétales de roses confits
2 Verres de farine
1 Verre de sucre en poudre
1 Pincée de sel
1 Œuf
4 Demi-poires au sirop
2 Verres de lait
4 Petites noisettes de beurre

Glace au safran et à l'eau de rose

Ingrédients pour 4 personnes

1/2 Litre de crème fraîche liquide
1 Verre de lait
3 Jaunes d'œufs
80 Grammes de sucre semoule
1 Bâton de vanille
1/2 Cuillère à café de poudre de safran
20 Centilitres d'eau de rose

Quelques feuilles de menthe fraîche
1 Poignée de pétales de roses frais

1 Battez les jaunes d'œufs avec le sucre jusqu'à obtention d'un mélange blanc mousseux.

2 Dans une casserole, amenez le lait, la crème fraîche et la vanille à ébullition puis diminuez le feu au maximum afin d'incorporer délicatement la préparation œuf, sucre. Remuez constamment.

3 Dès que la crème commence à épaissir, retirez-la du feu.

4 Diluez le safran dans quelques gouttes d'eau chaude, mélangez-le à l'eau de rose puis incorporez-les au mélange initial.

5 Une fois refroidie, versez votre combinaison dans une sorbetière afin de la placer au congélateur plusieurs heures.

6 Cinq minutes avant de servir, démoulez et décorez de quelques feuilles de menthe (facultatif) et des pétales de roses frais.

Nougat glacé aux pétales de roses

Ingrédients pour 6 personnes

1 Kilogrammes de crème fraîche épaisse
50 Grammes de pétales de roses confits
3 Cuillères à soupe d'eau de rose
20 Centilitres d'eau
1 Poignée de pignons de pins
1 Poignée de cerneaux de noix
1 Poignée de pistaches non salées
300 Grammes de sucre semoule
1 Coulis de framboise (facultatif).

1 A l'aide d'un mixer programmé sur vitesse maximum, mélangez la crème fraîche dès sa sortie du réfrigérateur.
2 Dans un même temps, hachez grossièrement les noix, les pistaches et les pignons.
3 Dans une casserole à fond épais, faites chauffer le sucre semoule et l'eau jusqu'au début de l'ébullition.
4 Versez ce sirop de sucre chaud dans la crème fouettée puis, à l'aide d'une cuillère en bois, remuez délicatement.
5 Ajoutez ensuite les pistaches, les noix, les pignons, l'eau de rose et le confit de pétales.
6 Mélangez à nouveau.
7 Il ne vous reste plus qu'à transvaser votre préparation dans un moule à cake avant de la placer au congélateur au moins 5 heures.

Au moment de servir, démoulez votre nougat glacé et, si vous le désirez, présentez-le avec un coulis de framboises, fruits qui se marient merveilleusement avec la rose.

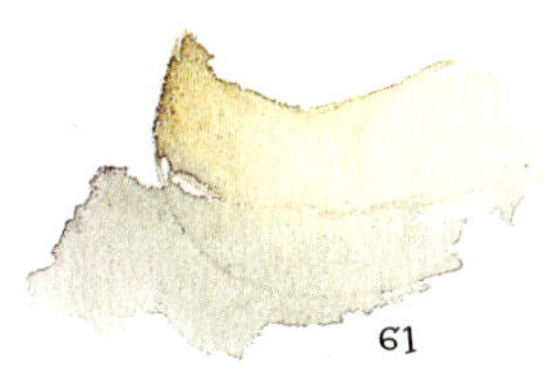

Gelée aux pétales de roses

Ingrédients pour 1 kg

200 Grammes de pétales de roses, rouges parfumées
Quant au goût, les pétales roses ou jaunes, s'ils sont très odorants feront l'affaire, mais ne pourront vous donner une aussi jolie couleur.
400 Grammes de sucre semoule
500 Grammes de pommes
Jus de 3 citrons

* * *

1 Dès la coupe des roses, détachez tous les pétales puis rincez-les rapidement sous un léger filet d'eau froide.
2 Sans attendre jetez-les dans une bassine à confiture afin de les recouvrir de 100 grammes de sucre semoule.
3 Après un bref brassage, ajoutez 1 grand verre d'eau.
4 Procédez à une première cuisson durant une dizaine de minutes en remuant constamment puis recouvrez votre bassine d'un linge propre.
5 Votre préparation travaillera d'elle-même une demi-douzaine d'heure.
6 Ce temps de repos écoulé, faites cuire à nouveau, à feu très doux, 20 minutes.
7 Vous pouvez commencer à incorporer votre jus de citron.

PS : Observez attentivement : Les pétales qui, à ce stade ont perdu une grande partie de leur couleur, vont, en quelques secondes retrouver une incroyable couleur rouge.

8 Une troisième cuisson est souvent nécessaire, quelques heures plus tard, afin que le confit des pétales soit parfait.

9 Cette première préparation terminée, préparez une gelée de pomme (voir dans la recette de la gelée de lavande) puis versez-la dans la bassine de roses.

10 Mélangez énergiquement.

11 Une dernière cuisson à feu doux, en remuant constamment, mettra fin à votre gelée.

Chaude mais pas brûlante, votre préparation doit être rapidement mise en pot.

Mon conseil : Votre première préparation a base de pétales doit être faite dans les heures qui suivent la coupe des roses. Si ce n'est pas le cas, vos pétales risquent rapidement de virer à une couleur peu ragoûtante.

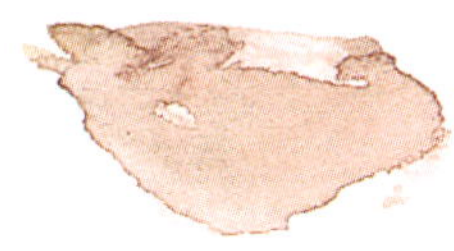
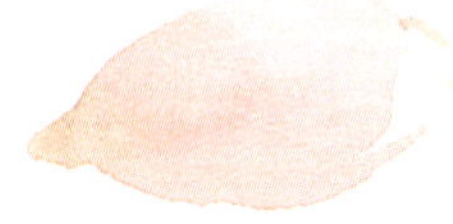

Confiture de thé à la rose

Ingrédients pour 1 kg

25 Grammes de thé parfumé
200 Grammes de pétales de roses
750 Grammes de confisucre
1 Citron

* * *

1 Faites infuser le thé dans un litre d'eau bouillante puis passez-le avant de le verser dans une bassine à confiture.

2 Ajoutez le sucre, le jus du citron et les pétales de roses sommairement rincés à l'eau tiède.

3 Laissez cuire à feu doux 10 minutes.

4 Incorporez quelques pétales conservés à cet effet puis augmentez la température de votre cuisson durant 4 à 5 minutes.

5 Il ne vous reste plus qu'à mettre en pot.

Bonbons aux pétales de roses

Ingrédients pour 50 bonbons

30 Grammes de confit de pétales de roses
1 Litre de lait de bonne qualité
1/2 Verre d'eau de rose
2 Gouttes d'arôme concentré de rose (à défaut augmentez la quantité d'eau de rose)
300 Grammes de sucre semoule
Quelques cuillères de sucre glace

* * *

1 Dans une grande casserole, versez le lait, 150 grammes de sucre semoule, l'arôme de rose et la moitié de l'eau de rose.
2 Laissez frémir une bonne heure (le lait ne doit pas bouillir), en remuant de temps en temps.
3 En milieu de cuisson, ajoutez le reste de l'eau de rose.
4 Cette première heure écoulée, alors que déjà votre cuisine commence à sentir bon le caramel mêlé d'une douce odeur de roses, et que le lait commence à blondir, tournez constamment 15 minutes.
5 Testez la consistance de ce qui est maintenant du caramel, en en faisant tomber une goutte dans de l'eau.
6 Dès que la cuisson est terminée, incorporez le confit de pétales puis mélangez quelques minutes.
7 Une dernière cuisson de quelques minutes devrait alors suffire à donner à votre préparation une jolie couleur vieux rose.
8 Versez le tout sur une assiette huilée ou un papier sulfurisé et découpez des petits carrés.
9 Pour terminer, travaillez chaque carré dans le creux de votre main afin de fabriquer des petites boules que vous roulerez dans le sucre glace.
Les dernières opérations doivent s'effectuer avant que le bonbon ne refroidisse.

Sirop de rose

Ingrédients pour 2 litres

500 grammes de pétales de roses
1 kilogramme sucre semoule
2 litres d'eau

* * *

1 Faites infuser les pétales de rose dans 1/4 de litre d'eau bouillante puis laissez reposer au minimum 12 heures.

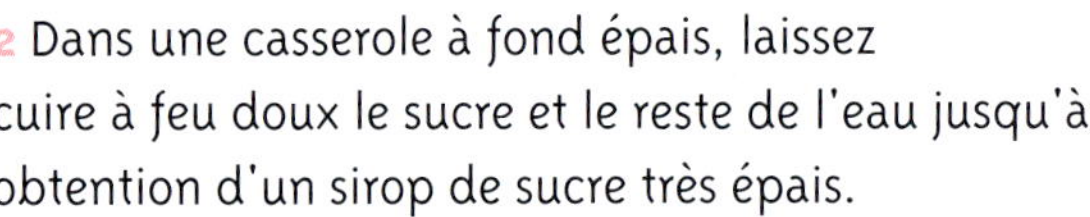

2 Dans une casserole à fond épais, laissez cuire à feu doux le sucre et le reste de l'eau jusqu'à obtention d'un sirop de sucre très épais.

3 Sur feu éteint, mélangez fermement l'infusion de pétale au sirop de sucre.

4 Donner un dernier bouillon.

5 Filtrez.

Ce sirop se conserve parfaitement dans une bouteille au réfrigérateur.

la Capucine

Beignets de fleurs de capucines

Ingrédients pour 4 personnes

16 Fleurs de capucines
150 Grammes de farine
2 Œufs
25 Centilitres de lait froid
1 Litre d'huile pour friteuse
Sel

* * *

1 Dans un premier temps, préparez votre pâte à beignets en mélangeant parfaitement, la farine, les jaunes des 2 œufs et le lait. Salez (le poivre n'est pas nécessaire, les fleurs de capucines étant poivrées naturellement).

2 Montez ensuite les 2 blancs en neige ferme avant de les incorporer délicatement à la préparation précédente.

3 Une fois rincées, plongez adroitement les fleurs de capucines dans votre préparation avant de les immerger dans votre huile bien chaude.

4 Laissez dorer, égouttez sur du papier absorbant, dégustez.

Potage aux fleurs de capucines

1 Epluchez les pommes de terre, coupez-les en dés, puis jetez-les dans une grande casserole avec les pétales des capucines.

2 Recouvrez d'un litre d'eau et d'un litre de lait avant d'ajouter une cuillère à soupe de gros sel.

3 Faites cuire sur feu fort jusqu'à ébullition, couvrez et laissez mijoter à feu doux une bonne heure.

4 Une fois votre potage mixé, versez-le brûlant dans une soupière sans oublier d'y incorporer 50 grammes de beurre.

5 Dégustez chaud.

Ingrédients pour 4 personnes

100 Grammes de feuilles de capucines
500 Grammes de pommes de terre
50 Grammes de beurre
1 Litre de lait
1 Litre d'eau
1 Cuillère à soupe de gros sel

Omelette aux fleurs de capucines

Ingrédients pour 4 personnes

5 Fleurs de capucines
8 Œufs frais
40 Grammes de beurre
Sel

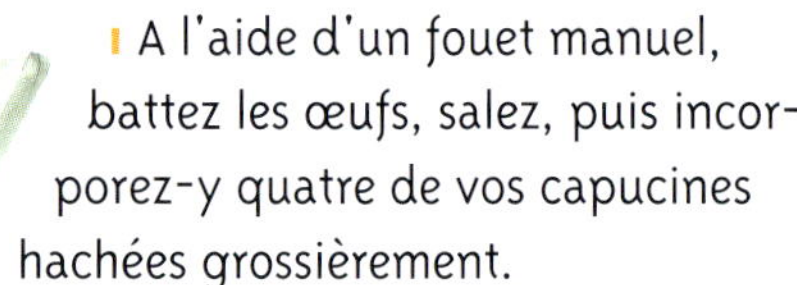

1 A l'aide d'un fouet manuel, battez les œufs, salez, puis incorporez-y quatre de vos capucines hachées grossièrement.

2 A feu doux, laissez fondre votre morceau de beurre dans une poêle antiadhésive avant de cuire votre préparation comme une omelette ordinaire.

3 Disposez aussitôt dans un plat de service et décorez simplement de la capucine restante.

4 Servez illico afin de déguster chaud.

Salade de pourpier aux fleurs de capucines

1 Rincez le pourpier et la laitue avant de confectionner une vinaigrette à base d'huile d'olive, de vinaigre de xérès et de sel.

2 Rincez les fleurs puis hachez-en 8 afin de les mélanger au pourpier et à la laitue.

3 Arrosez de votre vinaigrette puis décorez à l'aide des 4 fleurs restantes.

Ingrédients pour 4 personnes

400 Grammes de pourpier
12 Fleurs de capucines
Quelques feuilles de laitue
6 Cuillères à soupe d'huile d'olive
1 Cuillère à café de vinaigre de xérès

* * *

Salade folle au foie gras et fleurs de capucines

Ingrédients pour 4 personnes

12 Fleurs de capucines
1 salade mélangée (frisée, feuille de chêne...)
150 grammes de foie gras
2 pommes
6 Cuillères à soupe d'huile d'olive
1 Dizaine de noix décortiquées
1 cuillère à soupe de vinaigre balsamique
Sel

* * *

1 Rincez les salades et 8 des fleurs de capucines hachées finement.

2 Epluchez les pommes avant de les découper en fines lamelles.

3 Préparez la vinaigrette en mélangeant l'huile d'olive, le vinaigre et le sel.

4 Disposez, de préférence sur des assiettes individuelles, la salade, les pommes et les cerneaux de noix.

5 Assaisonnez de votre vinaigrette.

6 Présentez sur le dessus de chaque préparation les lamelles de fois gras et, pour finir, décorez les centres d'une fleur de capucine.

SEL DE ME
IODÉ
ET FLUOR
DEMI . ECREM

Terrine de rougets aux fleurs de capucines confites

1 Faites tremper une dizaine de minutes le pain de mie dans le lait préalablement chauffé.

2 Pour préparer la farce, hachez finement 200 grammes de filets de rougets, auquel vous ajouterez le confit de fleurs de capucines, le beurre, les œufs entiers et le pain de mie.

3 Salez à votre convenance avant de mélanger.

4 Faites revenir rapidement à la poêle le reste des filets de rougets.

5 Tapissez un moule à cake de papier sulfurisé puis étalez sur le fond une couche de filets de rougets.

6 Déposez ensuite en alternance une couche de farce, une couche de rouget…

7 Terminez par une couche de farce.

8 Tassez avant de faire cuire 1 heure à four moyen, au bain-marie.

9 Une fois la cuisson terminée et refroidie, placez votre terrine au réfrigérateur au moins 12 heures.

10 Avant de servir, démoulez et décorez de quelques fleurs de capucines.

Ingrédients pour 4 personnes

600 Grammes de filets de rougets
150 Grammes de beurre
100 Grammes de fleurs de capucines confites (sucrez 2 fois moins votre confit qu'habituellement)
Quelques fleurs pour la décoration (facultatif)
1/4 de Litre de lait
2 Tranches de pain de mie
2 Œufs entiers
1 Jaune d'œuf
300 Grammes de crème fraîche
Sel

Agneau confit aux citrons et capucines

Ingrédients pour 6 personnes

1 Beau gigot d'agneau
11 Fleurs de capucines fraîches
3 Cuillères à soupe d'huile d'olive
4 Cuillères à soupe de sucre en poudre
1 Oignon
1 Gousse d'ail
3 Citrons

***

1 Découpez le gigot d'agneau en dés avant de le faire revenir dans une sauteuse avec un peu d'huile d'olive. Une fois doré de chaque côté, réservez-le hors du feu dans un récipient.

2 Dans le reste du jus de viande de la même sauteuse, faites fondre le sucre en poudre avant d'ajouter le jus des citrons, l'oignon haché et l'ail écrasé finement.

3 Replacez la viande dans la sauteuse, et, si cela est nécessaire, ajoutez quelques millilitres d'eau afin de diluer le suc caramélisé.

4 Couvrez et laissez cuire à feu doux environ une heure.

5 Une fois cette cuisson terminée, transvasez votre viande et son jus dans un plat à four puis déposez sur le dessus 5 des fleurs de capucines hachées grossièrement.

6 Couvrez et laissez cuire à nouveau une heure, à four moyen (160°).

7 Votre agneau est prêt à être dégusté lorsqu'il se défait aisément.

8 Présentez-le dans un plat de service décoré des 6 fleurs restantes. Chaque convives pourra alors savourer sa propre fleur.

Bar et fleurs de capucines en gelée

1 Préparez un court-bouillon puis laissez-le tiédir.

2 Ecaillez et videz le bar avant de le placer dans un faitout.

3 Versez sur toute sa surface le court-bouillon alors tiède, et laissez cuire à feu doux (le liquide ne doit pas bouillir) durant 15 minutes.

4 Une fois le poisson cuit à point, retirez-le doucement afin de ne pas le casser, égouttez-le et retirez sa peau qui à ce stade doit se détacher aisément.

5 Avec le court-bouillon que vous avez conservé et filtré, préparez la gelée.

6 Placez le bar dans un plat de service, bordez-le de 4 des fleurs de capucines et déposez les 2 dernières sur le dessus ainsi que quelques quartiers de citrons.

7 Nappez de la gelée tiède et placez-le au réfrigérateur au moins 2 heures.

8 Sortez-le au moment de servir.

Ingrédients pour 4 personnes

1 Bar de 1,5 kilogramme
1 Boîte de gelée en poudre
6 Fleurs de capucines
1/2 Verre d'huile d'olive
1 Cuillère à café de câpres
2 Citrons
1 Court-bouillon instantané

Filets de Saint-Pierre aux fleurs de capucines

Ingrédients pour 4 personnes

4 Filets de Saint-Pierre
8 Fleurs de capucines
4 Blancs de poireaux
35 Centilitres de vin de Sauternes
1 Noisette de beurre
Sel

***

1 Dans une sauteuse, faites cuire les blancs de poireaux préalablement coupés en rondelles, avec le beurre et quelques pincées de sel (selon votre goût).

2 Après quelques minutes de cuisson, ajoutez 8 des fleurs de capucines hachées grossièrement et la moitié du vin de Sauternes prévu pour cette recette.

3 Laissez mijoter jusqu'à ce que les capucines et les poireaux aient parfaitement fondu.

4 Une fois cette opération terminée, réservez-les dans un plat au chaud.

5 Dans la même sauteuse, que vous aurez pris soin de ne pas rincer, faites dorer les filets de Saint-Pierre (rapidement de chaque côté).

6 Conservez-les alors au chaud afin de déglacer la sauteuse avec le reste du vin et laissez réduire quelques minutes.

7 Dans un plat de service, étalez la fondue de poireaux puis déposez dessus les filets de Saint-Pierre.

8 Arrosez avec la sauce avant de placer sur chacun des filets, une fleur de capucines.

Langoustines aux capucines et courgettes confites à l'huile d'olive

Ingrédients pour 4 personnes

24 Langoustines fraîches
16 Fleurs de capucines
1 Poignée de feuilles de basilic
20 Centilitres de vin blanc
1,5 Kilogramme de courgettes
1 Echalote
30 Centilitres d'huile d'olive
Sel

* * *

1 Lavez les courgettes avant de les couper en très fines tranches (l'idéal étant d'utiliser une mandoline).
2 Faites chauffer 10 centilitres d'huile d'olive dans une sauteuse afin de faire revenir l'échalote finement hachée.
3 Dès que l'échalote commence à roussir, ajoutez les courgettes, 12 des fleurs de capucines préalablement hachées et, à nouveau, 10 centilitres d'huile d'olive.
4 Mélangez, salez, couvrez.
5 Laissez cuire à feu doux pendant 1 heure en remuant régulièrement.
6 Dans un même temps, hachez grossièrement le basilic et lavez les langoustines à l'eau salée.
7 Dans un faitout, sur feu vif, versez le reste de l'huile prévue pour cette recette et jetez-y le basilic et les langoustines.
8 Remuez continuellement.
9 Après quelques minutes, ajoutez le vin blanc.
10 Couvrez, et, sur feu très doux, laissez mijoter 15 minutes.
11 Une fois cuites et décortiquées, présentez les langoustines dans leur jus.
12 Décorez des fleurs restantes.
13 Servez les courgettes et les capucines confites à l'huile d'olive dans un plat de service.

Courgettes

le Coquelicot

Salade de laitue et jeunes feuilles de coquelicots

Ingrédients pour 2 personnes

Quelques poignées de jeunes feuilles de coquelicots
1 Laitue
1 Pomme
50 Grammes de gruyère
1 Poignée d'amandes décortiquées
4 Cuillères à soupe d'huile d'olive
1 Échalote
2 Cuillères à soupe de crème fraîche
1 Cuillère à café de moutarde
Sel, poivre

***

1 Rincez la salade et les feuilles de coquelicot.

2 Taillez le gruyère en petits cubes ainsi que la pomme, lavée mais non pelée.

3 Disposez dans un saladier, la salade, les amandes, le gruyère, la pommes et pour finir les feuilles de coquelicots.

4 Préparez la sauce en réunissant la moutarde, l'huile, le sel, le poivre, l'échalote hachée et la crème fraîche.

5 Mélangez.

6 Verser l'assaisonnement sur la salade au moment de servir.

Salade de poivrons rouges

au miel de lavande, gingembre et graines de coquelicots

1 Taillez grossièrement les poivrons en dés d'environ 1 centimètre de coté, avant de les faire revenir une dizaine de minutes dans l'huile d'olive avec le gingembre préalablement râpé.

2 A feu doux, ajoutez la crème fraîche et le miel de lavande sans oublier le sel et le poivre.

3 Laissez cuire 5 à 6 minutes.

4 Avant de servir cette recette qui peut se déguster chaude ou froide, parsemez des graines de coquelicot que vous aurez faites griller.

Ingrédients pour 4 personnes

5 Beaux poivrons rouges
3 Cuillères à café de miel de lavande
20 Grammes de gingembre frais
1/2 Verre d'huile d'olive
50 Centilitres de crème fraîche liquide
2 Poignées de graines de coquelicots grillées
Sel et poivre

Taboulé de petit épeautre de Haute-Provence aux jeunes ovaires de coquelicots

1 Faites cuire le petit épeautre après l'avoir rincez sous l'eau froide. Selon la qualité de votre graine, la cuisson peut durer de 20 à 50 minutes.

2 Une fois cuit puis refroidi, verser dessus le jus des 4 citrons.

3 Coupez les tomates et les poivrons en dés, puis taillez grossièrement les feuilles de menthe.

4 Mélangez au petit épeautre.

5 Ajoutez les ovaires jeunes et verts de coquelicot qui ont une agréable saveur de noisette.

6 Terminez cette préparation en versant l'huile d'olive, salez et poivrez.

7 Remuez délicatement afin de ne pas écraser les grains du petit épeautre.

8 Laissez refroidir quelques heures au réfrigérateur avant de servir.

Ingrédients pour 4 personnes

200 Grammes de petit épeautre en grains
4 Citrons
4 Tomates
2 Poivrons : 1 jaune, 1 rouge
1 Poignée de menthe fraîche
2 Poignées de jeunes ovaires de coquelicots
4 Cuillères à soupe d'huile d'olive
Sel
poivre

* * *

Grillade de porc au vin de coquelicot

Ingrédients pour 4 personnes

4 Grillades de porc (150 à 200 grammes chacune)
2 Verres de vin de coquelicot (voir recette page 136)
1 Oignon
2 Noisettes de beurre
1 Cuillère à soupe de farine
Sel, poivre

1 Dans une sauteuse, faites cuire à feu vif les grillades, 7 à 8 minutes sur chaque face. Une fois cette première cuisson terminée, réservez la viande dans un plat au chaud.

2 Hachez finement l'oignon puis faites-le revenir dans la même sauteuse. Dès qu'il commence à prendre une couleur dorée, ajoutez la farine et mélangez sur feu doux.

3 Arrosez rapidement de votre vin de coquelicot, salez, poivrez.

4 Laissez mijoter 5 minutes sans cesser de remuer à l'aide d'une cuillère en bois.

5 Replacez les grillades sur la sauce et faites-les cuire 5 nouvelles minutes.

6 Servez aussitôt.

Alose aux jeunes feuilles et graines de coquelicot

1 Videz et écaillez l'alose (ou, plus simplement faites-le faire par votre poissonnier).

2 Farcissez l'intérieur d'une poignée de feuilles de coquelicot et de la moitié des graines préalablement grillées et salées. Fermez le poisson en le cousant.

3 Incisez ensuite peu profondément chaque côté de l'alose, salez, poivrez.

4 Placez-le dans un plat à four huilé, et faites-le cuire à four moyen (environ 160°) pendant 15 minutes.

5 Dans une casserole sur feu doux, mélangez la crème fraîche, le reste des graines grillées, le sel et le poivre.

6 Versez cette sauce sur le poisson et décorez le plat avec reste des feuilles de coquelicot, légèrement assaisonnées d'une vinaigrette légère.

Ingrédients pour 4 personnes

1 Alose d'environ 1,5 kilogramme
3 Grosses poignées de jeunes feuilles de coquelicots
2 Cuillères à café de graines de coquelicots
2 Cuillères à soupe d'huile d'olive
1 Noisette de beurre
2 Cuillères à soupe de crème fraîche
Sel, poivre

Lotte au vin de coquelicots

Ingrédients pour 4 personnes

1,2 Kilogramme de lotte
20 Centilitres d'huile d'olive
1 Verre à liqueur d'Armagnac
1 Cuillère à soupe de pétales de coquelicots confits
1/2 Litre de vin de coquelicot
(voir recette page 136)
2 Oignons
2 Gousses d'ail
Sel, poivre

1 Lavez et essuyez soigneusement la lotte avant de la coupez en morceaux de 4 à 5 centimètres de longueur.
2 Dans un faitout, faites chauffer l'huile puis déposez-y les morceaux de poissons.
3 Une fois joliment colorés, arrosez-les d'Armagnac et faites-les flamber.
4 Dès que la flamme est éteinte, retirez le poisson et tenez-le au chaud afin de terminer votre préparation.
5 Dans le même faitout, versez le vin de coquelicot, 1 cuillère à soupe de pétales de coquelicots confits, l'ail et les oignons hachés.
6 Salez, poivrez, laissez mijoter à feu doux 20 minutes.
7 Replacez ensuite les morceaux de lotte sur cette combinaison où ils mijoteront à nouveau, 15 minutes.
8 Servez aussitôt et dégustez très chaud.

Gélatine aux coquelicots

Ingrédients pour 4 personnes

100 Millilitres d'eau
300 Millilitres de sirop de coquelicot
1 Sachet de gélatine neutre
10 Cubes de glace
4 Jolies fleurs fraîches de coquelicots (facultatif)

1 Versez la gélatine dans l'eau froide, mélangez puis laissez prendre.
2 Durant ce temps, faites chauffer le sirop de coquelicot sans le faire bouillir et ajoutez-y votre gélatine.
3 Mélangez.
4 Incorporez les cubes de glace afin de diluer la préparation.
5 Versez dans des coupes à dessert, laissez refroidir puis placez-les au réfrigérateur quelques heures.
6 Au moment de servir, déposez au centre de chacune des coupes une fleur fraîche.

Limonade aux coquelicots

Ingrédients pour 1,5 litre

10 Poignées de pétales de coquelicots
2 Citrons
7 Cuillères à soupe de sucre
1 Litre d'eau

* * *

1 Déposez les pétales de coquelicots, préalablement rincés, et les jus des citrons dans un cul de poule.
2 Faites chauffer dans une casserole le sucre et l'eau.
3 Dès que le sirop de sucre est proche de l'ébullition, versez-le à son tour dans le cul de poule.
4 Laissez macérer quelques heures, au soleil de préférence.
5 Filtrez, puis procédez à la mise en bouteille. Conservez au frais.

Vous pouvez procéder de la même façon pour élaborer de la limonade à la rose, au sureau, à la violette ou à la lavande.

la Violette

Pâté de saumon à la violette

Ingrédients pour 6 personnes

1 Saumon frais d'environ
1 kilogramme
2 Cuillères à soupe
de fleurs de violettes
1 Pâte à tarte
2 Oignons
50 Grammes de beurre

***

1 Epluchez et hachez l'oignon.

2 Une fois vidé, faites cuire le saumon au court-bouillon une dizaine de minutes.

3 Egouttez le saumon, ôtez sa peau, qui à ce stade doit se retirer facilement, puis retirez toute la chair en prenant soin d'enlever les arêtes.

4 A l'aide d'un couteau, hachez grossièrement la chair.

5 Faites chauffer 25 grammes de beurre dans une sauteuse afin de faire revenir les oignons et le saumon.

6 Salez, poivrez, ajoutez les fleurs de violette. Mélangez bien le tout.

7 Tapissez un moule à cake de papier sulfurisé, puis de pâte à tarte. Laissez dépasser les bords de celle-ci afin de refermer et incorporez-y votre mélange.

8 Repliez la pâte de façon à couvrir le tout, soudez les bords avec vos doigts.

9 Faites un trou au centre du pâté et placez un cône fait de carton à l'intérieur.

10 Enfournez à 180° pendant 30 minutes. Si la croûte brunit trop vite, couvrez d'une feuille de papier d'aluminium.

11 Servez votre pâté froid ou chaud, à votre convenance.

Noix de Saint-Jacques au confit de violettes et cerneaux de noix

1 Mélangez le confit de violettes au Cognac puis laissez macérer 15 minutes.

2 Dans une sauteuse, faites revenir rapidement les noix de Saint-Jacques avec le beurre.

3 Dès qu'elles commencent à prendre une couleur dorée, ajoutez la préparation violette - cognac après en avoir retiré, à l'aide d'une écumoire, les pétales issus du confit, (ne les jetez pas, ils vous serviront quelques minutes plus tard).

4 Salez, poivrez, flambez.

5 Introduisez à cette préparation les cerneaux de noix, les pétales de violettes et la crème fraîche.

6 Laissez cuire à feu très doux une dizaine de minutes sans cesser de remuer.

7 Servez très chaud.

Ingrédients pour 4 personnes

20 Noix de Saint-Jacques avec leur corail
1 Verre de confit de violettes
40 Grammes de beurre
1 Petit verre de Cognac
20 Centilitres de crème fraîche liquide
Sel, poivre

* * *

Tourte aux violettes et fromage blanc

Ingrédients pour 4 personnes

2 Pâtes feuilletées
2 Gouttes d'arôme concentré de violette alimentaire ou de confit de violettes
1 Poignée de fleurs de violettes
500 Grammes de fromage blanc
100 Grammes de sucre en poudre
4 Œufs
20 Grammes de farine
Sel

* * *

1 Beurrez un moule à manquer.

2 Garnissez le fond et les parois de l'une des pâtes feuilletées, sans omettre de laisser dépasser quelques millimètres pour la fermeture.

3 Piquez-là généreusement et faites-la cuire une dizaine de minutes au four réglé sur 180°.

4 Versez dans un saladier le fromage blanc, le sucre en poudre, une pincée de sel et l'arôme de violette.

5 Mélangez délicatement.

6 Dans un second saladier, battez en omelettes 3 œufs avant de les incorporer au fromage blanc.

7 Ajoutez la farine en pluie en remuant au fur et à mesure.

8 Versez cette préparation dans la pâte à tarte préparée précédemment puis répandez les fleurs de violettes.

9 Avec le dernier œuf, également battu, mouillez les bords de la pâte à l'aide d'un pinceau puis couvrez avec la seconde pâte.

10 Soudez les bords avec vos doigts ou une fourchette.

11 Badigeonnez le dessus du gâteau du reste de l'œuf, afin qu'il soit bien doré.

12 Pour finir, percez une petite cheminée au centre de la pâte pour y introduire un cône en carton (ou en papier épais).

13 Laissez cuire à four moyen (160°) pendant 30 minutes.

14 Faites refroidir hors du four afin de servir tiède ou froid.

Mousse à la crème de violettes

Ingrédients pour 6 personnes

1 Litre de lait
6 Jaunes d'œufs
+ 4 blancs
100 Grammes de sucre semoule
100 Grammes de violettes confites
3 Gouttes d'arôme de violette
20 Centilitres de crème fraîche liquide

1 Dans une casserole, faites bouillir le lait.

2 Mélangez les jaunes d'œufs, l'arôme de violette et le sucre puis incorporez-les au lait bouilli en remuant délicatement.

3 Laissez mijoter cette crème quelques minutes sur feu doux jusqu'à ce qu'elle épaississe.

4 Installez-la dans un endroit frais afin qu'elle refroidisse.

5 Durant ce temps, montez les blancs en neige que vous ajouterez délicatement à la crème une fois froide.

6 Lorsque votre préparation ressemble à une mousse, placez-la au frais pendant 2 heures.

7 Quelques minutes avant de déguster, mélangez rapidement, sur feu doux 2 à 3 minutes, le confit de violette et la crème fraîche.

8 Versez cette crème sur la mousse au moment de servir.

Truffes au chocolat et à la violette

Ingrédients pour 250g de truffes

30 Centilitres de crème fraîche liquide
1 Poignée de fleurs de violettes séchées
1 Goutte d'arôme de violette (si vous n'en possédez pas, doublez la quantité de violettes séchées)
200 Grammes de chocolat noir
2 Cuillères à soupe de Cointreau ou de Grand Marnier
2 Cuillères à soupe de cacao en poudre non sucré

1 Râpez finement le chocolat.
2 Dans une casserole, faites bouillir la crème puis ajoutez-y les violettes et l'arôme.
3 Mélangez puis incorporez le chocolat et le Grand Marnier.
4 Une fois le chocolat fondu, alors que votre préparation forme une pâte homogène, retirez-la du feu.
5 Laissez reposer au moins 3 heures.
6 A l'aide d'une petite cuillère, formez alors des boulettes que vous roulerez généreusement dans le cacao en poudre.

Vos truffes se conserveront parfaitement dans une boîte en fer bien fermée ou au réfrigérateur (dans ce cas, pensez à les sortir quelques heures avant de les déguster).

Entremet à la violette

Ingrédients pour 4 personnes

Quelques poignées de fleurs de violettes
1/2 kilogramme de crème fraîche épaisse
20 grammes de beurre
150 grammes de sucre en poudre

* * *

1 Faites revenir les 3/4 des violettes dans le beurre à feu moyen (conservez les dernières fleurs pour la décoration).
2 Sur feu éteint, ajoutez la crème fraîche et le sucre.
3 Disposez votre préparation dans des petits ramequins.
4 Décorez joliment avec le reste des violettes.
5 Dégustez tiède.

le Sureau

Pommes de terre rattes aux fleurs de sureau

Ingrédients pour 4 personnes

20 Pommes de terre rattes
2 Grosses poignées de fleurs de sureau
2 Gousses d'ail
4 Cuillères à soupe d'huile d'olive
Sel, poivre

1 Grattez les pommes de terre rattes sans les éplucher, coupez-les en rondelles puis faites-les revenir dans une sauteuse avec un fond d'huile d'olive.

2 Une fois dorées, ajoutez aux pommes de terre l'ail finement coupé, les fleurs de sureau préalablement rincées sous un filet d'eau tiède, le sel et le poivre.

3 Laissez cuire quelques minutes.

4 Servez très chaud.

Cette recette facile et rapidement réalisée est un parfait accompagnement pour viandes ou poissons.

Filet mignon de porc aux fleurs de sureau

Ingrédients pour 4 personnes

600 Grammes de filet mignon de porc
1 Poignée de baies de sureau
20 Centilitres de crème fraîche liquide
1/2 Oignon
2 Noisettes de beurre
Sel, poivre

***

1 Découpez, en tranches d'environ 1 centimètre d'épaisseurs, la totalité de votre filet mignon.

2 Dans une sauteuse, avec une noisette de beurre, faites revenir les tranches du filet à feu doux une dizaine de minutes en les retournant régulièrement. Une fois cuites réservez-les hors du feu afin de préparer la sauce.

3 Dans une casserole, sur feu vif, jetez la seconde noisette de beurre, l'oignon haché finement, et les fleurs de sureau préalablement rincées.

4 Laissez cuire quelques minutes avant d'ajouter la crème fraîche, le sel et le poivre. Diminuez votre feu au minimum puis laissez mijoter jusqu'à ce que la sauce épaississe.

5 Replacez la sauteuse contenant la viande sur le feu, recouvrez le tout de la sauce et, toujours à feu doux, laissez à la viande le temps de se réchauffer (cette opération ne vous prendra que quelques petites minutes).

6 Passez à table immédiatement.

Gigot en cocotte au vin de sureau

Ingrédients pour 4 personnes

1 Gigot d'agneau d'environ 1 kilo une fois roulé et désossé
150 Grammes de Barde de lard
2 Carottes
1 Gros oignon
2 Grands verres de vin de sureau
80 Grammes de beurre
20 centilitres de crème épaisse
Sel, poivre

1 Dans une cocotte, laissez fondre le beurre avant de faire revenir le gigot jusqu'à ce que tous ses côtés soient dorés.
2 Une fois cette opération achevée, retirez la viande de la cocotte afin de placer dans le fond les bardes de lard puis replacez-la.
3 Ajoutez les carottes coupées en rondelles et l'oignon haché avant d'arroser le tout du vin de sureau.
4 Salez, poivrez, couvrez.
5 Laissez cuire à feu doux 2 heures.
6 Avant de servir, récupérez une cuillère à soupe du vin de cuisson que vous mélangerez dans une petite casserole, sur feu vif, à la crème fraîche.
7 Présentez cette dernière préparation dans une saucière.

Râbles de lièvre à la confiture de sureau

Ingrédients pour 4 personnes

2 Râbles de lièvre
200 Grammes de lardons fumés
20 Centilitres de crème fraîche liquide
3 Cuillères à soupe de confiture de sureau
1 Petit verre d'huile d'olive
2 Brins de thym
4 Feuilles de laurier
2 Echalotes
4 Cuillères à soupe de vin de sureau
(voir recette page 136)
Sel, poivre

1 Entaillez les râbles de lièvre à différents points afin d'incorporer les lardons dans la chair.

2 Une fois cette opération terminée, placez les râbles dans un plat creux, arrosez-les de l'huile d'olive, du thym émietté et des échalotes hachées.

3 Recouvrez des feuilles de laurier et du vin de sureau, salez, poivrez puis laisser reposer 2 heures pour marinade en remuant régulièrement.

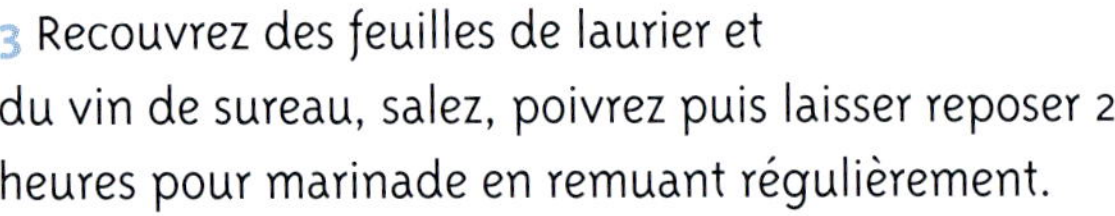

4 Préchauffez votre four à 220°.

5 Sortez les râbles de la marinade et faites-les revenir avec 1 cuillère à soupe d'huile d'olive dans une sauteuse à feu vif, quelques minutes.

6 Dans un plat à four préalablement beurré, déposez les râbles et la marinade que vous aurez précieusement conservée.

7 Enfournez et laissez cuire une demi-heure en arrosant régulièrement avec le jus de cuisson.

8 Une fois cuit, réservez le lapin dans un plat de service

au chaud afin de récupérer la marinade, de la filtrer et de la déposer dans une casserole.

9 A feu doux, introduisez la crème fraîche et la confiture de sureau, mélangez sans cesser de remuer quelques minutes.

10 Il ne vous reste plus qu'à verser cette dernière préparation sur le lapin et à déguster aussitôt.

Crevettes aux fleurs de sureau

Ingrédients pour 4 personnes

600 Grammes de crevettes
1 Poignée de confits de fleurs de sureau
1 Echalote
20 Centilitres de crème fraîche
50 Grammes de beurre
1 Verre de vin de sureau
Sel, poivre

* * *

1 Dans une sauteuse, faites fondre le beurre avec l'échalote finement hachée, le confit de fleurs de sureau et la crème fraîche.

2 Mélangez puis ajoutez-y les crevettes préalablement décortiquées.

3 Versez le verre de vin de sureau et laissez mijoter quelques minutes.

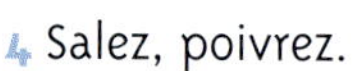

4 Salez, poivrez.

5 Servez chaud.

Maquereaux au vin de sureau

1 Videz et lavez les maquereaux puis essuyez-les avec du papier absorbant avant de les déposer dans un plat à four.
2 Epluchez et coupez en fines lamelles les oignons puis étendez-les sur toute la longueur des poissons.
3 Placez ensuite une feuille de laurier sur le centre de chaque maquereau, arrosez du vin de sureau, salez et poivrez, huilez.
4 Enfournez votre préparation à four chaud (180°) pendant 35 minutes.
5 Servez froid ou chaud.

Ingrédients pour 4 personnes

4 Beaux maquereaux
25 Centilitres de vin de sureau
2 Cuillères à soupe d'huile d'olive
4 Feuilles de laurier frais
4 Oignons
Sel, poivre

* * *

Soufflé glacé au sureau

Ingrédients pour 4 personnes

150 Grammes de fruits de sureau
4 Oeufs
30 Centilitres de crème fraîche liquide
5 Centilitres de whisky
20 Grammes de beurre
1 Feuille de gélatine
100 Grammes de sucre en poudre
1 Pincée de sel

* * *

1 Beurrez entièrement un moule à soufflé puis tapissez-en uniquement les bords de papier sulfurisé.
2 Faites tremper quelques minutes la feuille de gélatine dans de l'eau froide.
3 Rincez les fruits de sureau avant de les faire tremper dans le whisky.
4 Dans une casserole, faites bouillir 10 centilitres d'eau, salez, puis, hors du feu, incorporez la feuille de gélatine.
5 Fouettez les jaunes d'œufs et versez-y la gélatine bouillante.
6 Laissez refroidir.
7 Montez en crème chantilly la crème fraîche de préférence très froide avant de monter les blancs d'œufs en neige très ferme.
8 Dans les jaunes d'œufs froids, versez les fleurs de sureau, la chantilly, les blancs d'œufs et le sucre.
9 Il ne vous reste plus qu'à mettre cette préparation dans le moule dressé à cet effet et le placer au refrigérateur une douzaine d'heures.

Au moment de servir, démoulez, retirez le papier sulfurisé et décorez de quelques fleurs de sureau.

Confiture de sureau

Ingrédients pour 2 kg

1 Kilogramme de fruits murs
800 Grammes de sucre cristallisé
1 Jus de citron

***

1 Déposez les fruits de sureau préalablement rincés sous un filet d'eau tiède dans une bassine à confiture.

2 Recouvrez-les de la totalité du sucre et du jus de citron puis couvrez d'un linge propre.

3 Laissez macérer 24 heures en mélangeant de temps en temps.

4 Ce temps écoulé, procédez à une première cuisson de 10 minutes.

5 Deux cuissons de 10 minutes seront encore nécessaires, toutes les 4 heures.

6 Pendant les cuissons, remuez régulièrement et écumez soigneusement.

7 Votre confiture est parfaite lorsqu'elle se détache en flocons de la cuillère.

Sirop de sureau

Ingrédients pour 1 litre

250 Grammes de fruits de sureau
0,5 Litre d'eau distillée
1 Kilogramme de sucre (roux de préférence)
30 Grammes d'acide citrique
5 Citrons

* * *

1 Déposez tous les ingrédients dans une bonbonne.
2 Mélangez.
3 Laissez macérer 10 jours.
4 Filtrez puis ajoutez le jus des 5 citrons.
5 Mélangez une fois encore avant la mise en bouteille.

Conservez votre bouteille à l'abri de la lumière.

PS : Un grand merci à Ariane pour m'avoir donné cette recette.

Mêmes recettes pour différentes fleurs

Crème brûlée à la violette ou à la lavande

Ingrédients pour 4 personnes

1/2 Litre de lait
3 Œufs
2 Cuillères à soupe de pétales de violettes confits
ou 1 cuillère à soupe de fleurs de lavandes (au choix)
75 Grammes de sucre en poudre
4 Cuillères à soupe de cassonade

1 Faites chauffer le lait avec le sucre en poudre et la fleur choisie.
2 Versez le lait bouillant sur les œufs préalablement battus, en remuant régulièrement.
3 Remplissez de votre préparation des ramequins individuels, puis enfournez-les au bain-marie à température moyenne (160°), une trentaine de minutes.
4 Une fois cuits et refroidis, placez-les au réfrigérateur.
5 Quelques minutes avant de les consommer, saupoudrez-les de la cassonade et déposez-les sous le gril très chaud 5 minutes.
6 Servez-les aussitôt afin que le dessus soit chaud et croustillant et l'intérieur tiède.

Meringues aux arômes de fleurs rose, lavande, violette

Ingrédients pour **12** meringues

8 Blancs d'œufs
3 Gouttes d'arôme alimentaire au choix (rose, lavande, violette)
3 Cuillères à soupe de confit de la fleur choisie
300 Grammes de sucre en poudre
100 Grammes de sucre glace
1 Cuillère à soupe de jus de citron
1 Pincée de sel

1 Nettoyez les parois de votre bol mixer avec le jus de citron, rincez-le à l'eau froide et essuyez-le bien.
2 Versez-y les blancs d'œufs, mixez quelques secondes à vitesse maximale puis incorporez le sucre en poudre et le sucre glace.
3 Avant que la texture de votre préparation ne soit parfaite, ajoutez l'arôme de fleur et les pétales confits.
4 Mixez à nouveau jusqu'à obtention d'un mélange très ferme, lisse et luisant.
5 Sur une plaque à four recouverte de papier sulfurisé, disposez des boules de meringue, assez espacées les unes des autres.
6 Enfournez à 110° et laissez cuire environ 1 heure.

Si vos meringues dorent trop vite, placez une plaque sur le dessus.

Sirop de violette ou de lavande

1 Versez l'eau bouillante sur les violettes séchées.
2 Laissez reposer une nuit en prenant soin de couvrir le récipient dans lequel vous avez déposé votre préparation.
3 Filtrez, transvasez dans une casserole puis ajoutez le sucre, en remuant constamment sur feu doux.
4 Laissez mijoter afin de réduire en sirop.

Cette recette peut s'appliquer au coquelicot. Il vous faudra cependant augmenter la quantité de sucre à 1,5 kilogramme.

Ingrédients pour **1** litre

200 Grammes de fleurs de violettes ou de lavandes séchées
1 Litre d'eau distillée
1 Kilogramme de sucre en poudre

Vin de coquelicot, de lavande ou de rose

Ingrédients pour 1 litre

10 Poignées de pétales de coquelicots ou de roses
Ou 3 Poignées de fleurs de lavandes
20 Centilitres de Cognac
1 Litre de vin blanc
100 Grammes de sucre

1 Dans un récipient à gros goulot, déposez les fleurs ou pétales afin de les recouvrir du vin blanc, du Cognac et du sucre.
2 Mélangez délicatement puis laissez macérer 8 jours en remuant de temps en temps.
3 Filtrez avant de mettre en bouteille.

Conservez au frais.

Vin de
Coquelic.
Vin de
rose
Vin de
Lavande

Liqueur aux fruits de sureau, aux fleur de lavandes ou, aux pétales de roses

Ingrédients pour 1 litre

100 Grammes de fruits de sureau
Ou 50 Grammes de fleurs de lavandes
Ou 150 Grammes de pétales de roses
1 Litre d'eau de vie
125 Grammes de sucre

1 Dans un bocal à large ouverture, placez les fruits, les fleurs ou les pétales avec l'eau de vie.
2 Laissez macérer 30 jours.
3 Ajoutez le sucre.
4 Mélangez délicatement puis faites macérer à nouveau 20 jours.
5 Remuez de temps en temps.
6 Filtrez puis procédez à la mise en bouteille.

Mélange de fleurs

Cerises pochées au vin de lavande et gelée de roses

1 Dénoyautez les cerises.
2 Dans une casserole, faites bouillir une quinzaine de minutes le vin, le sucre et la cannelle afin d'obtenir un sirop.
3 Une fois cette opération terminée, sur feu doux, incorporez les cerises au sirop.
4 Laissez pocher 10 minutes au maximum.
5 Egouttez les cerises puis laissez encore réduire votre sirop.
6 Alors qu'il ne reste plus qu'un quart de jus, ajoutez 2 pincées de fécule et faites cuire 5 minutes avant d'insérer la gelée de roses.
7 Déposez les cerises dans un saladier avant de les napper du sirop.
8 Conservez au réfrigérateur jusqu'au moment de servir.

Ingrédients pour 4 personnes

800 Grammes de cerises
1 Bouteille de vin de lavande
2 Cuillères à soupe de gelée de rose
160 Grammes de sucre en poudre
1 Cuillère à café de fécule
1 Bâton de cannelle

Gratin de pétales de roses coquelicots et violettes

1 Dans un saladier, mélangez les jaunes d'œufs, le sucre en poudre et la crème fraîche liquide.

2 Déposez cette précédente préparation au bain-marie dans une casserole.

3 Sur feu vif, fouettez constamment jusqu'à obtention d'une pâte mousseuse.

4 Hors du feu, ajoutez les pétales confits.

5 Mélangez puis versez cette composition dans 4 plats individuels à gratin.

6 Saupoudrez de sucre vanillé.

7 Quelques minutes avant de déguster, passez les plats sous le gril du four jusqu'à ce qu'une croûte caramélisée se forme.

L'idéal est de dégustez tiède à l'intérieur et chaud dessus.

Ingrédients pour 4 personnes

4 Cuillères à soupe de pétales de roses confits + 4 Roses fraîches (facultatif)

4 Cuillères à soupe de pétales de violettes confits + 4 Violettes (facultatif)

2 Cuillères à soupe de pétales de coquelicots confits + 4 coquelicots (facultatif)

4 Cuillères à soupe de crème fraîche liquide

3 Jaunes d'œufs

6 Cuillères à soupe de sucre en poudre

2 Sachets de sucre vanillé

Achevé d'imprimer en mai 2004
sur les presses de l'imprimerie Grafiche Zanini à Bologne (Italie)
Photogravure Quadriscan à Oraison